那些年，我们一起追的球星

我们的青春
我们的足球时代

《天下足球》 著

金城出版社
GOLD WALL PRESS

图书在版编目(CIP)数据

那些年，我们一起追的球星 / 天下足球著. -- 北京：金城出版社, 2016.1

ISBN 978-7-5155-1293-8

Ⅰ.①那… Ⅱ.①天… Ⅲ.①足球运动－运动员－生平事迹－世界 Ⅳ.①K815.547

中国版本图书馆CIP数据核字(2015)第245393号

那些年，我们一起追的球星

作　　者　《天下足球》
撰 稿 人　刘　嘉　朱晓雨　吕　楠　闫　伟　吴涵之
策 划 人　陈文江　李轶武
责任编辑　李轶武
图片支持　CFP　东方IC　OSPORTS全体育传媒
开　　本　710毫米×1000毫米　1/16
印　　张　19
字　　数　100千字
版　　次　2015年12月第1版　2015年12月第1次印刷
印　　刷　三河市腾飞印务有限公司
书　　号　ISBN 978-7-5155-1293-8
定　　价　82.00 元

出版发行　金城出版社 北京市朝阳区利泽东二路3号
　　　　　邮编　100102
发 行 部　(010)84254364
编 辑 部　(010)64391966
总 编 室　(010)64228516
网　　址　http://www.jccb.com.cn
电子邮箱　jinchengchuban@163.com
法律顾问　陈鹰律师事务所　(010)64970501

写在前面

新生与告别

一百多年前，查尔斯·狄更斯在他的著作《双城记》中写下这样的名句：“这是最好的时代，这是最坏的时代。”21 世纪的足球世界，又何尝不是这样？的确，很难用单纯的好与坏去给过往 15 年的国际足坛轻易作结，因为它是复杂的，正如我们对它复杂的爱。

这是一个新生的足球时代，或者说，这是一个让我们眼界大开的足球时代，无锋战术、Tiki-Taka、门卫等等新鲜的足球概念开始冲击着旧有的足球格局。于是，人们看到了这样的足球——一支没有传统中锋的西班牙队可以捧得世界杯与欧洲杯，开创属于他们的红色王朝，这是五星巴西与四星意大利都难以建立的伟大王朝；一支球队将 Tiki-Taka 战术演绎到炉火纯青，一时间成为“宇宙公敌”，但同时他们也是宇宙无敌的巴萨王朝；一支球队尽管拥有一位“不安分”的门将，但德国战车同样能够实现复兴，重回世界之巅。

这是一个新生的足球时代。金钱和资本早已在足球世界粉墨登场，“凯泽斯劳滕式”的奇迹不再需要“奇迹”，或许需要的仅仅是金钱。15 年前的切尔西与曼城，没有人会将之称为豪门。但过往的岁月，在金钱的助推下，他们踢出了让人信服的足球，成为了世界足坛的新生力量。但无论是哪个时代，总有金钱难以撬动的忠诚，20 年如一日的马尔蒂尼、萨内蒂、吉格斯、普约尔、托蒂，他们就是活着的传奇，从一而终才是这个时代真正的奢侈品。

这是一个新生的足球时代。80 后、90 后的球员开始走上历史舞台。梅西与 C 罗的存在，让我们不必通过斑驳的影像去追忆昔日的球王风采，因为这个时代就拥有我们自己的球王。2000 年，菲利普斯以 30 个英超进球成为欧洲金靴，而如今，梅西与 C 罗一个赛季的进球数字便可以达到他的两倍之多。他们是新生的王者，一个是射手型的边锋，一个是前场的进攻自由人，他们改写着纪录，他们颠覆着传统。

这是一个新生的足球时代。新生的足球奇迹让人们不断惊叹——这就是足球！特雷泽盖的金球绝杀，希腊神话的真实上演，伊斯塔布尔的奇迹之夜，伊拉克足球的战地黄花，曼城的读秒进球夺冠……当你以为有些结果是命中注定，不可更改，但这些奇迹的故事总是会告诉你，不到比赛的最后一刻，一切都为时不晚。信念与信仰，可以催生下一秒的奇迹。

这是一个告别的足球时代。在过往的 15 年间，我们与“1970 年代的爱情”说再见，70 后的足坛巨星开始了他们的集体谢幕。人们无奈于这种时间惯性下的告别，人们也在习惯这份无奈。未来的某一天，当你的孩子或是孙子问起你这样的问题——贝克汉姆是谁？齐达内是谁？罗纳尔多是谁？小罗又是谁？或许你会会心一笑，向他们滔滔不绝地讲述那个承载了太多记忆的年代。一代人的告别可以牵动 20 载的记忆，一个人的告别，或许很难如此，但弗格森爵士却是个例外。苦心经营 26 年的曼联红色帝国，在 2013 年画上了句号。从此再也不见一个红鼻头、嚼着口香糖的苏格兰老头儿站在老特拉福德的教练席前，26 年执教同一家俱乐部，这样的故事恐怕再难上演。

这是一个告别的足球时代，有的告别，或许还能期待下次相遇，可有的告别却是“再也没有了机会”。希望你还能记得他们的名字，他们或许并不伟大，但却值得人们永久铭记——维维安 · 福、哈尔克、普埃尔塔、莫罗西尼、恩克、斯皮德……足球永远不应该高于生死。过去的 15 年，我们还与一连串伟大的名字告别，乔治 · 贝斯特、苏格拉底、尤西比奥、迪斯蒂法诺、博比 · 罗布森、阿拉贡内斯……他们与这个世界永别，真正地带走了属于他们的时代。有人说，一次告别，天上就会有颗星熄灭，但愿人们记忆中的那颗星可以照亮他们天堂的路。

这是一个新生的足球时代，这是一个告别的足球时代；人们面前拥有一切，人们面前一无所有。新生与告别，这就是我们正在经历的足球时代。

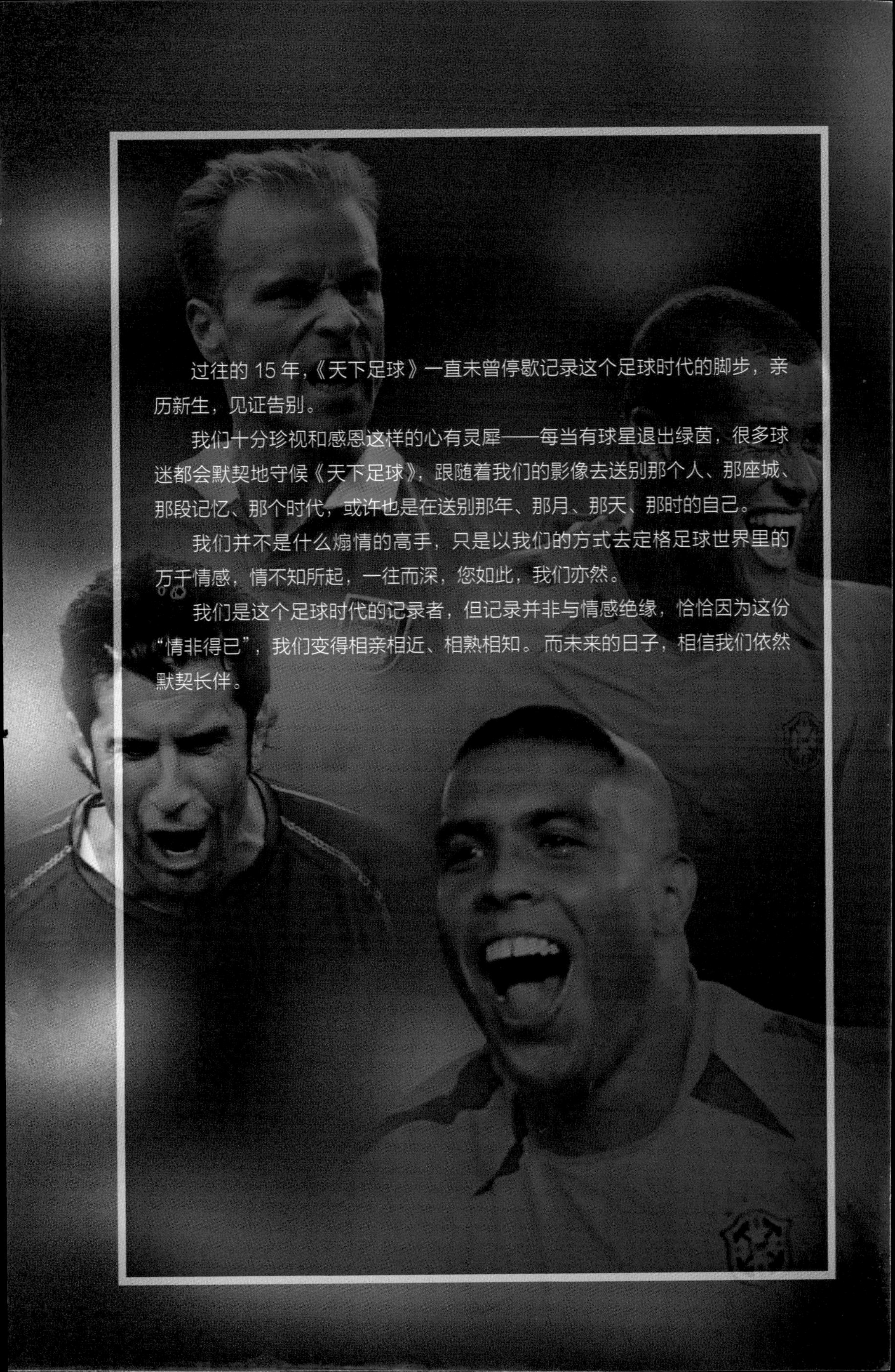

过往的 15 年，《天下足球》一直未曾停歇记录这个足球时代的脚步，亲历新生，见证告别。

我们十分珍视和感恩这样的心有灵犀——每当有球星退出绿茵，很多球迷都会默契地守候《天下足球》，跟随着我们的影像去送别那个人、那座城、那段记忆、那个时代，或许也是在送别那年、那月、那天、那时的自己。

我们并不是什么煽情的高手，只是以我们的方式去定格足球世界里的万千情感，情不知所起，一往而深，您如此，我们亦然。

我们是这个足球时代的记录者，但记录并非与情感绝缘，恰恰因为这份“情非得已”，我们变得相亲相近、相熟相知。而未来的日子，相信我们依然默契长伴。

序一

《天下足球》是一个情人

段暄 《天下足球》主持人

大家捧起这本书的时候，天气渐渐凉了，北京已经进入到了秋天。秋天是收获的季节，《天下足球》就是在这样一个收获的季节诞生，2000 年 11 月 27 日，这是每个天足人和天足的粉丝都不会忘记的日子。进入秋季，也意味着《天下足球》迎来了自己的第 15 个生日。这本书算是我们送给自己的一份生日礼物吧。

这些年来，很多朋友见到我求合影或者签名，最常说的一句话是："我每天都看《天下足球》。"《天下足球》每周只有一期，周一晚上播出，雷打不动（当然，有时候遇上重要的赛事冲突也会动）。在我看来，"每天"不是语误，而是表达了大家对这个节目的一份真挚之情。

一晃 15 年过去了，我和"天下足球"这四个字已经难分彼此。越来越多的朋友见到我说："暄哥，我是看着你的节目长大的。"在我看来，这里的"节目"二字自然指的就是《天下足球》。

当年《天下足球》创办的时候，和已经大红大紫的《足球之夜》并称为姊妹篇，最早的创作团队也是同一拨人，只是大概两三年后开始分而治之。相比"姊妹篇"，也许定义为"兄妹篇"更为准确。在我看来，《足球之夜》更像是男性，锐不可当，荷尔蒙十足。而《天下足球》则为女性，以情动人，情感、情趣、情致、情怀。提起这个节目，很多观众首先会想到的是她精致的画面，她美妙的音乐，她经典的解说词。《天下足球》的情愫拉近了那些遥不可及的球星和中国观众之间的距离。一段时间，球迷们给我们写信，在我们的微博上留言，其实很多话都是要写给他们心中的偶像球星，我们成了他们想要表达的最好的平台。

我在想，那些"看着我们节目长大"的人应该以 75 后、80 后和 90 后

的男性观众为主。《天下足球》和他们的青春期吻合，这是一段特殊的时期：有让你泪流满面的歌曲，让你魂牵梦系的女孩，当然，也少不了那些你所迷恋过的球星。也许在某年某月的某一天，碰巧看到《天下足球》，一段音乐，一段解说词，一段画面，触动了你最敏感的神经。于是，这个瞬间也成了你一生中难忘的时刻。而当你和这个节目发生了化学反应的时候，也就有了期待，有了盼头。这进一步解释了文章一开始，很多朋友提到的“每天都看《天下足球》”的含义：一周一次不过瘾，盼着每天都有一次。

时光荏苒，《天下足球》15 岁了。我们为此骄傲，但我们也压力倍增。就像歌词中唱到的一样：岁月的风霜，是否磨灭了所有的情怀？这是摆在我们每一个天足人面前的一个课题。对于 80 后、90 后的观众来说，我们是否依然有吸引力？对于 00 后的新生代来说，我们又能否让他们“情窦初开”？

这是《天下足球》2015 年出的一本书，我记得去年出书的时候我说过，希望每年都能出一本，献给我们的观众和读者。没有食言。这本书记录了节目 15 年来所制作过的 40 位球星的经历，那些把《天下足球》的解说词当作文案范例、在网上用各种搜索引擎苦苦寻觅的朋友，这本书给了你想要的一切。和记忆有关，和青春有关，和情怀有关。

献给那些看着我们节目长大的观众朋友们。

序二

拾伍纪

马凡舒 《天下足球》主持人

这是我人生中第一次给一本书写序，在提笔的时候，内心是纠结，是兴奋，是不知所措。今年我21岁，马上就要正式迈入自己的22岁。今年《天下足球》15岁，在这15年中，它塑造了专业、纯粹的品牌形象，也拥有一大批忠实的受众群体。

实话实说，当《天下足球》的制片人陈文江老师邀请我为这本书写一篇序时，我心里有些退却。因为在《天下足球》走过的这些年里，我的角色太短暂了些；面对这些球星专辑，我太渺小了些；对于那些陪伴着《天下足球》一路走来的观众和读者而言，我太年轻了些。我总是感叹自己何其有幸，能够在最美好的年华里与它相伴，也会庆幸生命中拥有与它重合的这些时光。一番感慨之后，我还是决定接受这个任务，并回复说："定当尽力。"

纵然我们相逢时日尚短，可在捧起这本书，仰望这些巨星的时候，相信你们会怀着和我一样的心情：热切、感动。

还是来说说这本书吧。这是15年来《天下足球》曾经做过专辑的球星文稿合集，是一部经典怀旧之作，里面有我钟爱的"K神"克洛泽、永远的7号"贝影"贝克汉姆、曾经有过面对面交流的乌克兰"核弹头"舍甫琴科，等等。

每一次当我们推出一部大片、一部球星专辑、一部特别企划的时候，其中的解说词、画面、配乐以及饱含深情的配音，都会触动大家的每一根神经，每一丝情感和每一寸回忆。在节目直播过程中，在演播室里看着监视器的返送画面，作为"新人"的我也时常会心生感叹与敬畏。

在这一切的背后，也承载着《天下足球》每一位编导日日夜夜的付出。在选题确定之后，他们要花费一周甚至几周的时间来制作，就跟怀有匠人精神的手工艺人一样，需要历经多道工序——撰写寄托情怀的解说词，寻找恰到好处

的配乐，从资料库中挑选经典的画面，在编辑机前一帧一帧地精心剪辑等等。

而在《天下足球》节目中，我的位置很讨巧，在每期节目直播的时候，主要是负责把编导们制作的专题片串联起来，和暄哥聊着世界足坛发生的新鲜事。我是屏幕前的呈现者，而这些节目内容的缔造者——亲爱的编导们是幕后英雄：朱晓雨老师是个全能型选手；刘嘉老师的专长在于煽情；吕楠姐简直就是双面娇娃，换身西装就是知性女记者；李萌的特点是耐心，对自己负责的片子细心打磨……还有很多很多人，我无法一一地描述出来，但在这本书里，他们的语言足以表达一切。

从 2014 年 10 月份我加入《天下足球》这个大家庭，到现在整整一年了，时间过得真是快。回想这一年，回忆满满：

去年 10 月在北京举行的南美超级德比，刘嘉老师带着我全程报道阿根廷队，不巧我当时发烧感冒，嘴巴还上火起了泡，简直就是一拖油瓶；

第一次到电视台，试着给《足球制造》这个版块配音，我笨拙地使用着配音设备，十来分钟的一个专题片，我硬是把自己关在配音间里两个小时才完成。最后在节目里听到自己的声音时，我还兴奋地给我妈打了一个电话；

刚开始上节目直播那会儿，我紧张得不行。尽管之前也给自己做了好多心理建设，可是面对直播镜头，在学校里学的情声气、对象感、交流感似乎全都忘记了，神经紧绷着，心态调整不好，引来吐槽也是意料之中的事情。当然，有更多的观众是在鼓励我，逐渐接纳一个《天下足球》的新成员。每每看到微博上大家暖心的留言，我的眼眶总会有些湿热。

这一路走来，我反思，微笑，进步，感恩。如今，我正在见证着《天下足球》迎来 15 周年纪念，见证着它的第三本书的出版，只想说：“一路上有你，真好。”

目录

C o n t e n t s

梅西 新王当立

里奥内尔·梅西

Lionel Messi

国籍：阿根廷
出生地：罗萨里奥，阿根廷
出生日期：1987 年 6 月 24 日
位置：前锋
俱乐部：巴塞罗那
俱乐部进球数：429 球 /525 场
国家队进球数：49 球 / 105 场

总有一首歌，能让你想起他

>>>

歌名：Brand New Day
歌手：Ryan Star

球王是怎样练成的?

半个世纪前，贝利用三座雷米特金杯给过我们答案，只是时间太过遥远，就连记录那个伟大时代的电视画面也已现黄斑。

30 年前，马拉多纳用世界杯上的连过五人给过我们答案，只是我们多数人并未亲历，如今想重温那份豪情，却只能通过兄长父辈的讲述来释怀，只因早已换了年代。

这或许就是梅西的最大价值，每一个伟大时代都需要超级偶像来对它进行标注，好让所有人可以通过具象的表达，来倾注自己的所有情感。梅西就是现在这个足球时代最能引发球迷表达欲望的人。他身上聚合了太多足球场上的优秀基因，重组之后，成为了这个独一无二的新时代球王。更重要的是，技术手段的日新月异给了记录者一种可能，能够全方位无死角地记录一位球王的成长历程。对于旁观神往的我们来说，能够成为传奇的见证者和伴随者，这无疑也是一份幸运，一份幸福。

然而，这份幸运实来之不易，因为我们差一点儿就与这份难得的见证擦肩而过。

每一个伟大的成功者在开始自己的传奇经历之前都是需要伯乐引路的，而梅西的伯乐又是谁?

有人说是里杰卡尔德，因为是他让梅西在巴塞罗那俱乐部一队站稳脚跟，收获信心；有人说是瓜迪奥拉，因为是他让梅西在短短几年内包揽俱乐部及个人荣誉全满贯。而那个当初将梅西带进巴塞罗那俱乐部的人，或许更值得尊敬和感谢。

雷克萨奇，2000 年时担任巴萨的体育主管，发现梅西可以说是他一生最值得骄傲的事情。梅西 11 岁时被诊断出患有先天性侏儒症，除非他的家庭可以负担得起昂贵的医药费，否则，梅西的身高只能停留在 1.40 米。

< 2007 年 3 月 10 日，梅西上演帽子戏法帮助巴萨 3 比 3 战平皇马，进球后的他亲吻巴萨队徽。对于巴塞罗那俱乐部，梅西内心深怀感激。

V 2008/2009 赛季同曼联的欧冠决赛，梅西头球攻破范德萨的大门，他亲吻球鞋庆祝的画面成为经典。

即便梅西天赋异禀，但这样的生理短板还是让阿根廷国内的球探们望而却步。半开玩笑地说，雷克萨奇应该感谢那些没有给梅西机会的人，正是当年纽维尔老伙计队以及河床队的先后放弃才成全了梅西和巴塞罗那在之后十多年间的不离不弃。

当雷克萨奇力排众议决定签下梅西并帮助他支付治疗费用的时候，可能老帅自己也没有想到，这个并不算健全的孩子日后会给整个巴萨带来什么样的震动。而他签下梅西时的转会协议也只是写在了一张酒店的餐巾纸上，这张改变了世界足球的餐巾纸如今就挂在巴萨的博物馆中。

巴塞罗那，对梅西来说无疑等同于第二个故乡，并不是因为他现在是这里万人膜拜的超能英雄，而是因为当他还是个前途未卜的 13 岁少年时，这座城市对他敞开怀抱，并让他在全欧洲最顶尖的拉玛西亚青训殿堂接受熏陶和训练。在梅西 16 岁时，他的身高已经达到了 1.69 米，侏儒症已经被彻底治愈，而他的球技更是突飞猛进，让整个巴塞罗那俱乐部都如获至宝。

2004 年 10 月 16 日，巴塞罗那同城德比，里杰卡尔德用 17 岁零 114 天的梅西替下德科，梅西成为了代表巴萨一线队出场的最年轻球员。打破纪录，创造纪录，成为了梅西在巴萨的职业生涯中不断履行的个人使命。

2005 年 5 月 1 日，巴萨主场对阵阿尔巴塞特，罗纳尔迪尼奥的巧妙助攻帮助梅西收获了西甲联赛的处子进球。2014 年 11 月 24 日，梅西用一个帽子戏法打破了西甲联赛历史总进球纪录。九年的时间，梅西穿着红蓝色的球衣 253 次洞穿西甲对手的大门。四天之后，梅西射落欧冠第一射手的头衔，当时距离他在 2005/2006 赛季收获的欧冠处子进球刚好也过了九年时间。

九年的时光，和多数 80 后球迷共同成长的梅西留给了世界足坛一连串神奇的数字，单赛季 50 粒进球纪录，年度 91 粒进球纪录，欧冠单场独中五元纪录……在梅西身上，这些数据已经脱离了它本来的符号意义，而成为一段闪闪发光的历史，也只有梅西，可以让本来单调枯燥的数字变得盎然跃动，激情澎湃。

27

2015 年 6 月 6 日，巴萨 3 比 1 力克尤文图斯，梅西第四次捧起欧冠奖杯。

在梅西用这串数字所描绘的时间走廊里，不断闪回着各种可以被冠以经典的瞬间；对每个人来说，似乎都能找到自己钟爱的那个。有人在回味2006/2007 赛季次回合国家德比中梅西连入三球单骑救主的荡气回肠；有人沉醉于 2010/2011 赛季欧冠半决赛梅西在伯纳乌独闯龙潭，以一敌五，千里凌波不留痕；有人至今仍然为了温布利巅峰之夜，梅球王一剑封喉征服英格兰而激动万分；也有人对 2014/2015 赛季欧冠对阵拜仁时梅西舞步如何晃晕博阿滕、戏弄诺伊尔津津乐道。这就是梅西，他集合了球场上几乎所有的优秀技能，并且可以演绎出观赏性十足的视觉冲击，满足不同球迷的胃口，无论你是不是他的拥趸，都久久无法忘记。

梅西创造过的这些神奇，直接为巴塞罗那俱乐部带来了 25 个冠军，其中包括 7 座西甲冠军、3 座国王杯冠军、6 座西班牙超级杯冠军、4 座欧冠冠军、3 座欧洲超级杯冠军、2 座世俱杯冠军，28 岁的梅西已经为巴萨赢得了一切。而对梅西自己而言，2009 年到 2012 年，在瓜迪奥拉的点拨下，他走向真正成熟的时期，连续 4 座金球加身，让梅西的个人职业生涯登峰造极，这也可以算是巴萨馈赠于梅西的一份报答。

尽管在瓜迪奥拉离开后，巴萨一度患上“梅西依赖症”而短暂跌落神坛，但是只要梅西继续主宰诺坎普，红蓝军就有资本继续保持一股张力而处变不惊。现在，恩里克帐下的巴萨“梦四队”再次君临欧洲，梅西和队友们重现昔日辉煌的梦想已经指日可待。

也有人说，尽管梅西曾经复刻了连过五人和上帝之手这些属于马拉多纳的经典画面，但他距离真正接班马拉多纳还差一步，而这一步在 2014 年的马拉卡纳球场几乎达成。从梅西在诺坎普横空出世以来，身披蓝白色的国家队战袍，带领阿根廷足球重温金杯之梦，就是他责无旁贷的义务和使命。

虽然梅西曾经带领蓝白青年军登顶 2005 年世青赛，并且包揽了金球奖和金靴奖；虽然他曾经带领阿根廷国奥队在 2008 年的北京登上了男足比赛的最高领奖台，但是，成年国家队大赛无冠始终是梅西以及阿根廷足球难以言说的尴尬。

2006 年的德国，梅西首登世界杯赛场，尽管他在同塞黑的比赛中开启

∧ 2013 年 1 月 16 日，巴萨同马拉加的国王杯 1/4 决赛前，梅西在诺坎普展示自己获得的四座金球奖杯。

∨ 2006 年，梅西第一次参加世界杯，在同塞黑队的比赛中，他打进个人的世界杯首粒进球。

了自己的世界杯进球账户，但阿根廷队却在1/4决赛的点球大战中被东道主封杀。

2010年的南非，梅西和马拉多纳的并肩出征曾经让阿根廷人信心满满，但是，新老球王的携手保驾护航最终没能抵挡德国战车的凌厉攻势，梅西一球未进惨淡收场。

2014年的巴西世界杯，最好的梅西身边是近年来最好的阿根廷队，然而站在决赛场对面的德国人同样比四年前更加强大，圣像俯望，亮剑相向，巅峰之上，一步之遥，也许封王的路上就是需要经历从期待到失落的情感跌宕。好在正值当打之年的梅西允许自己再等待下一次金杯的召唤，这也是他职业生涯余途上最重要的目标。

很难用文字完整记录梅西目前的职业生涯，而已经记录下来的部分足够让我们从中汲取营养，提取记忆。随他成长的人已经见证球王之伟大，并渴望继续作为伴随者目睹自己时代的球王走向前无古人的高度，而记录者们则希望能用更生动的方式继续为这段可能再难复制的传奇留下笔墨印记或是影像画面，至传奇终章之时再慢慢回述。

<2014年7月13日，梅西距离大力神杯仅仅一步之遥。

完美蜕变

C·罗纳尔多

克里斯蒂亚诺·罗纳尔多

Cristiano Ronaldo

国籍：葡萄牙

出生地：马德拉岛丰沙尔，葡萄牙

出生日期：1985 年 2 月 5 日

位置：前锋

俱乐部：里斯本竞技、曼联、皇家马德里

俱乐部进球数：447 球 /633 场

国家队进球数：55 球 /123 场

总有一首歌，能让你想起他

>>>

歌名：Into the Fire
歌手：Thirteen Senses

2012/2013赛季欧冠1/8决赛首回合，伯纳乌球场。克里斯蒂亚诺·罗纳尔多，在转会皇马四年后首次面对旧主。他高高跃起，一记头球攻破曼联的球门，时间仿佛停滞，他没有庆祝，只是轻轻地摆摆手。赛后，他上前与弗格森紧紧相拥。那一幕，让我们不得不感叹，人生何处不相逢。

三周后，当他在老特拉福德接受如潮的欢呼时，又轻轻地挥了挥手，那是他第一次重回故地。当他打进制胜球帮助皇马淘汰曼联时，依然没有庆祝，用最低调的方式接受着来之不易的胜局。

这是一段复杂的故事，就像这复杂的情感一样，记载着这个感恩的葡萄牙天才人生路中一段特殊的历程——从红色到白色，从18岁到28岁，从初出茅庐到超级巨星的完美蜕变。

就在十年前的8月，18岁的葡萄牙小伙子——克里斯蒂亚诺·罗纳尔多，以1224万英镑的价格空降老特拉福德。在当时，他的身价是这个年龄段球员中世界最高的，而除了那个广为人知的巨星的名字以外，人们对他并不了解。他是在曼联的季前赛中被发现的一块宝玉，身披里斯本竞技28号战袍的球员让曼联上下眼前一亮，赛后在返回曼彻斯特的飞机上，曼联众将纷纷向弗格森举荐。于是，这个年轻人就此匆匆收起行囊，初次远行。人们习惯把他看作是贝克汉姆的接班人，在贝克汉姆刚刚出走老特拉福德的那个夏天，那件充满了传奇色彩的7号球衣，正式穿在了这个18岁的年轻人身上。

当时，罗纳尔多如日中天，罗纳尔迪尼奥也锋芒毕露，在大罗、小罗的超级星光下，人们习惯把这个崭露头角的年轻人称作“小小罗”，直到后来，才逐渐改叫“C罗”。

在转会曼联仅仅四天后，曼联的新7号小小罗就闪亮登场。他连续的

∧ 2004 年 2 月 20 日，在同托特纳姆队比赛中进球后，C 罗与吉格斯和范尼一起庆祝。

∨ 2006/2007 赛季，曼联时隔四年再夺英超冠军，这是 C 罗的第一个英超冠军。

花哨盘球过人，令看过那场比赛的人都惊叹不已，这是英超有史以来少见的华丽技术，少见的华丽处子秀，他只用了短短 30 分钟替补上场的时间，就征服了挑剔的梦剧场。但在此后，对他的赞扬声和批评声在英国足坛同样多，花哨的技术与实用性之间毕竟存在着差距，假摔的声讨声又在这个国度里不断围绕在他的身旁，就这样，这个刚满 20 岁的球员开始了艰难的生存之路。

在 2006 年世界杯上，C 罗促使主裁判罚下鲁尼后偷偷眨眼的一幕，令他一夜间成为了全英公敌。就在英国媒体猜测 C 罗很可能不会再回到曼联的时候，弗格森站了出来力挺爱徒。弗格森对于这样的局面可并不陌生，早在 8 年前，贝克汉姆也是在这种成为全英公敌的背景下，在弗格森的全力支持下成功地脱胎换骨。这次 C 罗也没有离开，2006/2007 赛季首轮，他和鲁尼出色的并肩配合已开始让质疑声逐渐散去，C 罗的曼联生涯就在这次意外之后，迎来了一个神奇的转折点。

那个赛季，曼联时隔四年重夺联赛桂冠，C 罗堪称首功之臣，他全赛季打入 23 个进球，数次在危难之间拯救曼联。2007/2008 赛季，在向着双冠王冲击的路程中，C 罗更是威风八面——他在里斯本绝杀旧主，双手合十，充满歉意；回到主场，任意球再次绝杀旧主，咆哮庆祝，不可一世；他奋不顾身地头球冲顶，力擒罗马，强势晋级；他神奇的电梯球，又在朴次茅斯的门前天旋地转，就此成为了他的标志。

莫斯科卢日尼基球场的雨夜，则写满了戏剧性的故事。C 罗顶进个人赛季第 42 球，曼联时隔九年再次冲向欧冠之巅。但在点球大战中，他却射失点球，险些让赛季的辉煌就此葬送。但曼联还是在一场惊心动魄的鏖战中笑到了最后，登上欧洲之巅。莫斯科的大雨中，有 C 罗留下的王者之泪，更有弗格森爵士对他的祝福。

2008 年年底，克里斯蒂亚诺·罗纳尔多成为了曼联历史上第一位世界足球先生得主，欧洲金球奖同样被他揽入囊中。六年，从横空出世到超级巨星的道路艰辛而漫长，“罗纳尔多”这个专属的巨星之名中，已诞生了第三位世界足球先生。

一年后，带着 8000 万英镑的世界第一身价，C 罗告别老特拉福德，那个曾经志在四方的少年，远走伯纳乌。只留下那段红色的记忆，成为永恒，任时光荏苒，依然会在未来的人生路上，激励自己继续前行。

八万名伯纳乌球迷的现场助阵，见证了世界第一身价球星空降皇马的盛大仪式，在遥远的银河战舰时代之后，重金打造的二代银河战舰正呼之欲出。带着万众的瞩目，2009 年，C 罗在皇马起步迅猛，曾经只能在欧冠赛场上看到的 C 罗、梅西之争，在西甲的赛场上已被演绎得如火如荼。世界足坛，迎来了一个属于“绝代双骄”的时代，两位巨星交相辉映，从此包揽了世界足球先生的所有荣誉。

劳尔离去之后，C 罗穿上了皇马的 7 号战袍，又一个堪称传奇的号码。在葡萄牙，他曾接过菲戈的 7 号球衣，力图重现当年黄金一代的辉煌；在曼联，贝克汉姆的 7 号战袍也曾赋予他魔力，而他，又赋予了那件传奇球衣更多的传奇。如今，伯纳乌的 7 号，再次重任在肩，在短短几年间，劳尔的皇马历史进球纪录也在 2015 年

< 尽管 C 罗在点球大战中踢丢点球，但曼联还是在一场惊心动魄的鏖战中笑到了最后，登上欧洲之巅。

▲ 2009 年 7 月 6 日，C 罗正式亮相伯纳乌，八万名球迷现场见证了世界第一身价球星空降皇马的盛大仪式。

10 月 1 日被 C 罗超越。

而在欧冠的赛场上，C 罗早已超越劳尔，与梅西在争夺第一射手的位置上交替领先。2014 年，皇马终于实现了他们十全十美的欧冠生涯，告别曼联之后，C 罗也终于在六年后再登欧冠之巅，与此一同到来的还有一系列的进球纪录。这些荣誉，让他在 2014 年的世界足坛再度笑傲群雄，蝉联世界足球先生的荣誉。

一年前，当 C 罗时隔五年重返世界足球先生宝座时，他曾在台上留下难以抑制的激动泪水，这个从偏僻的马德拉岛走出的小小少年，实现了当初自己最伟大的誓言。一年后的这一天，当他再次登台，突然的一声呐喊震惊全场。他不再是那个爱哭的少年，2004 年欧洲杯上的泪水早已干涸，2006 年壮志未酬的泪水也早已抹去，2008 年莫斯科的泪水还在述说往事，

2014 年 5 月 24 日，里斯本光明球场，皇马在欧冠决赛中 4 比 1 逆转马竞，C 罗打进本队第四球之后大秀自己的八块腹肌。

∧ 皇马终于获得队史第十座欧冠奖杯，十全十美的夺冠纪录让其他球队望尘莫及。

2013 年征服世界的泪水又恍如昨日……这一声呐喊，就像是擦干所有的泪水，喊出了他继续占领世界之巅的壮志雄心。

这一代的足球巨星，有人说他们生在了最好的时代，因为世界足坛群雄并起各领风骚。也有人说他们生在了最坏的年代，因为他们与 C 罗、梅西共处一个时代。2008 年至今，“绝代双骄”已包揽了所有的个人最高荣誉，梅西四座金球奖稍稍领先，C 罗三座金球奖紧随其后，他们将其他竞逐者们远远地甩在身后。

这又是一个独特的年代，没有世界杯冠军的光环，他们却依然足以俯瞰世界，只因他们留下的印记太过神奇，令所有的后来者望其项背，高山仰止。

C 罗与梅西毋庸置疑是当今世界足坛的"绝对双骄"，两人将其他竞逐者们远远甩在了身后。

托雷斯 曾经金童

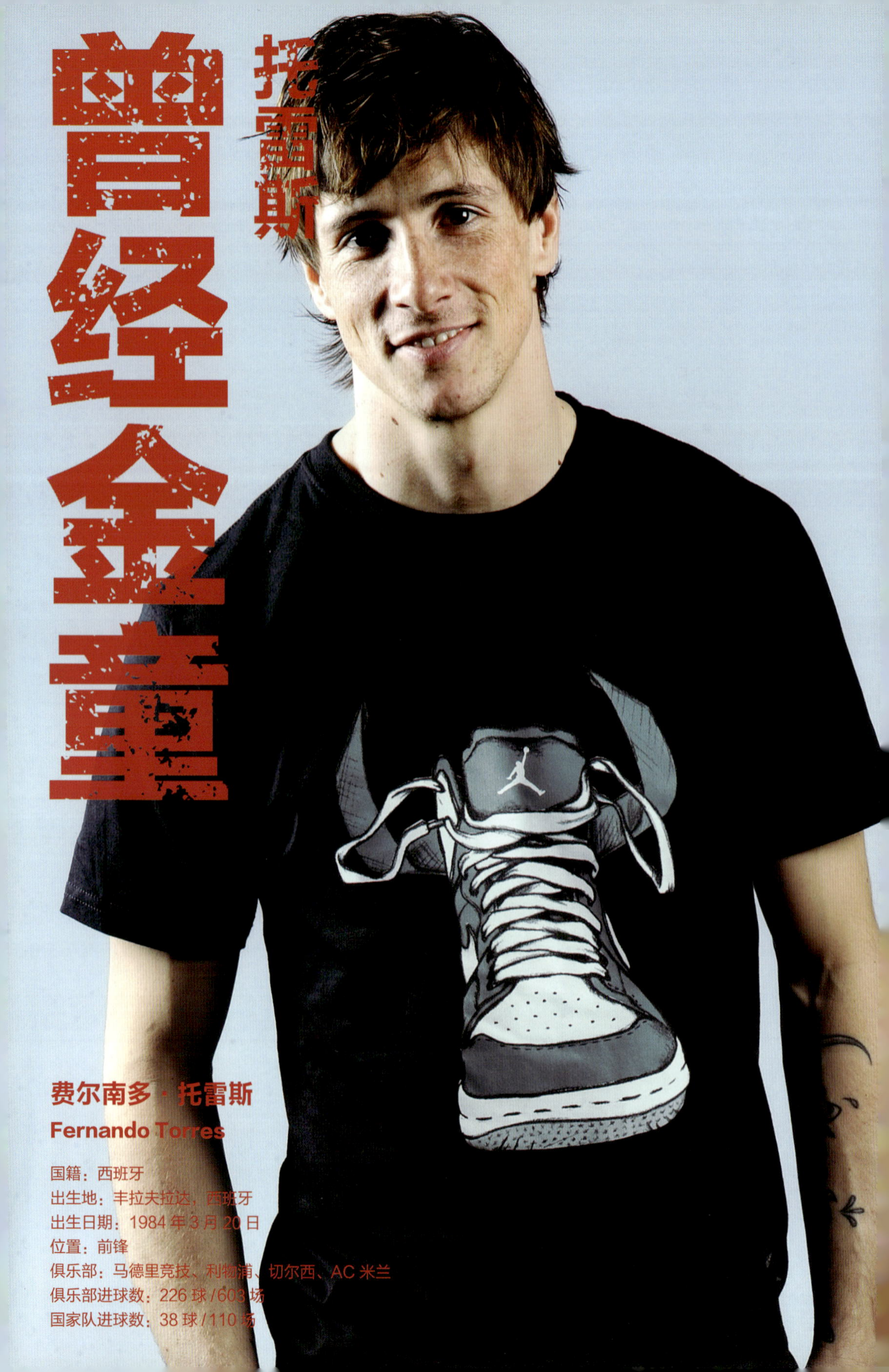

费尔南多·托雷斯

Fernando Torres

国籍：西班牙
出生地：丰拉夫拉达，西班牙
出生日期：1984 年 3 月 20 日
位置：前锋
俱乐部：马德里竞技、利物浦、切尔西、AC 米兰
俱乐部进球数：226 球 / 603 场
国家队进球数：38 球 / 110 场

总有一首歌，能让你想起他

>>>

歌名：Take Me Home, Country Road
歌手：Roch Voisine

托雷斯，比劳尔小7岁，比欧文小5岁。在西班牙，他不停地被人们拿来与劳尔相比较，在英格兰，则是与欧文，再后来，是与他自己。

他们的头上都笼罩着“金童”的光环，光环也像紧箍咒。他们年少成名，便要永远英名盖世；他们崭露头角，便要永远锋芒毕露；他们头角峥嵘，便只能傲然不群。他们的人生不只在球场上，更在人们的期许里，他们或多或少地被注入过悲情的基因，但放眼他们的成就，谁也没有辜负“金童”的盛名，他们甚至比任何人都要更加拼搏，才不会与期许中的自己相距太远。“金童”不过是他们走向成功的开始，“金童”却让他们走上了一条通往成功的最艰难的道路。

托雷斯是第二个从马德里竞技走出的西班牙金童，第一位金童是后来成为皇马旗帜的劳尔。正是因为失去劳尔，马竞俱乐部对托雷斯更爱护有加。

人们看到托雷斯17岁就已经代表马竞一队出场，19岁就成为了床单军团历史上最年轻的队长。但人们更应该记住，托雷斯陪伴马德里竞技在乙级联赛鏖战过两年，他被媒体称为“金童”，他在球队中被队友唤作“圣婴”，不是因为他了不起，而是因为球队大哥们根本不在乎这个新来的孩子叫什么名字。“圣婴”是他的代号，他用进球把代号变成了褒奖。

托雷斯加盟利物浦时只有23岁，但那时，他已经取代劳尔成为了西班牙国家队的主力前锋。马德里竞技没有能力像皇家马德里那样为他的球员带来一个又一个欧洲冠军和联赛冠军，他们甚至连参加欧战比赛的资格都没有。利物浦寄托了托雷斯对荣誉的渴望。

西班牙的金童成为安菲尔德KOP看台的新宠，进球是他征服英超赛场的唯一方式，被一次次刷新的纪录是对托雷斯最好时代的追忆。在他梦寐以求的欧冠赛场，阿森纳、切尔西、皇家马德里都无法阻击他的锐利。但冠军之名终未到来，联赛第二名是托雷斯与冠军最近的距离。

▲2007 年 8 月 19 日，联赛第二轮即上演利物浦同切尔西的红蓝大战，托雷斯为红军首开纪录。

2008 年欧洲杯，托雷斯在同德国队的决赛中挑射建功，西班牙队一球制胜，时隔 44 年再成欧洲之王。

西班牙的金童终于在国家队达成所愿，人生赢家的初始站被定格在 2008 年夏天，当斗牛军团高举起德劳内杯的刹那，决战中打入的唯一进球被他定义为此生最难忘的进球，金童的光环从来没有这般闪亮。饮恨多年的西班牙队终于迎来他们最好的时光，两年后的世界杯在南非迎来了新王的加冕。又过了两年，斗牛军团蝉联欧洲杯冠军，红色王朝盛极一时，托雷斯在决赛中再次贡献进球。连续三届大赛夺冠，金童有了至高无上的冠军头衔，这是劳尔和欧文终身未能企及的荣誉。人生赢家，此言果然不虚。

他让斗牛军团忘记了上一个金童劳尔，他让红军球迷不再追忆与风齐速的欧文。以舍甫琴科征服圣西罗的方式，全能战士托雷斯只差一点儿就成为与杰拉德齐名的安菲尔德传奇。只是欧文和舍甫琴科都选择了出走，属于金童们的巅峰永远被定义在被期许的未来。托雷斯走上了一条相似的道路。

切尔西球迷对托雷斯的失望不无缘由，当他以托雷斯的方式晃过德赫亚，却鬼使神差般地将皮球踢出无人防守的大门，他自己也目瞪口呆。球迷们叫他“24 小时先生”，那是记录他进球荒的时间，他们认为老板阿布的 5000 万英镑打了水漂，那是他的转会身价。

∧ 2011/2012 赛季欧冠决赛，切尔西在安联球场力克拜仁慕尼黑，获得俱乐部历史上的第一座欧冠奖杯。

∨ 金童回家，状态回归。2015 年 1 月 28 日，马竞主场同巴萨进行国王杯 1/4 决赛首回合较量，托雷斯开场仅 38 秒便取得进球，进球后的他向卡尔德隆球场的草皮献上深深一吻。

人们终于淡漠了他，即使在那个蓝军陷入疯狂的赛季里。他的狂奔进球让切尔西淘汰了强大的巴塞罗那，进军欧冠决赛，又是他的突破为蓝军赢得全场比赛的第一个角球，从而才诞生了德罗巴力挽狂澜的进球，蓝军历史上首夺欧冠金杯。不过，在质疑他的人看来，这只是一个身为金童、创造了历史身价的人应该做到的事。

托雷斯是切尔西问鼎 2012/2013 赛季欧联杯冠军的头号功臣，他在每一场淘汰赛中都贡献了关键进球，更在决赛中为蓝军奠定胜局。他是那个赛季里蓝军队内的头号射手，但是他仍然无法让蓝军球迷满意。

人们想要一个什么样的托雷斯？就像伯纳乌的劳尔、安菲尔德的欧文、圣西罗的舍甫琴科和永远 23 岁的费尔南多·托雷斯。他们没有伤病，没有低潮，从横空出世到挂靴退役，永远保持着场均 0.7 球的进球率。

切尔西没有再留给托雷斯时间，他被租借给 AC 米兰半个赛季，最终，在 2015 年 1 月，还是卡尔德隆把他们的圣婴带回了家。这是托雷斯的幸运，也是卡尔德隆的幸运。45000 人到场的欢迎仪式，被感动的人绝不仅仅是托雷斯。他的面容几乎没有改变，即使在经历过高峰低谷、追逐放弃、称赞指责的正反两极境遇后，他腼腆的微笑、含蓄的表白、邻家男孩的气质依然如故。

他没有诉说过委屈，七年间，他拿到了世界上分量最重的七个冠军，他始终在奔跑，球迷们批评他日益减少的进球率，但从没有人指责他骄傲懈怠。

而马德里竞技呢？在他离家的七年，这支球队已经把自己从联赛中游球队变成了西甲冠军，海神广场重现 1996 年的盛况已经成为现实。托雷斯离开后，他们先后拥有过阿圭罗、弗兰、法尔考和迭戈·科斯塔，每个人都是享誉世界的中锋。但是，他们还是最想念托雷斯，没有人会比母亲更理解自己的孩子，曾经的马竞队长。在托雷斯的队长袖标上，印着他最钟爱的那句“你永远不会独行”，在安菲尔德，他一遍又一遍地听到几万人唱响“你永远不会独行”，但他始终是个远离故乡的孤独者。

回家也许无法定义重生，但至少这里有更多的人陪伴在他身边，七年前陪伴，七年后依然陪伴，仿佛七年间什么也没有改变过。

玉面杀手

卡卡

卡卡

Kaka

国籍：巴西

出生地：圣保罗，巴西

出生日期：1982 年 4 月 22 日

位置：中场

俱乐部：圣保罗、AC 米兰、皇家马德里、奥兰多城

俱乐部进球数：191 球 /601 场

国家队进球数：29 球 /91 场

总有一首歌，能让你想起他

>>>

歌名：With You All the Time
歌手：Gareth Gates

当今世界足坛，梅西与C罗是毫无争议的绝代双骄。但是，如果最好的卡卡依然在，他们或许会构筑起一个三足鼎立的足球年代。只可惜，卡卡率先退出了这方历史舞台。如今，在遥远的美利坚，你依然能从卡卡身上看到许多似曾相识的画面，但是却永远无从找寻那再也回不去的、拥有卡卡的昨天。

卡卡是一个非典型的巴西球员，尽管他有着一个足够典型但几乎没人能记得住的巴西名字——里卡多·伊泽克森·多斯桑托斯·莱特。因为卡卡的弟弟发不准“里卡多”这个音，干脆就叫哥哥“卡卡”，没想到十几年后，这个兄弟间的亲密称呼几乎为全世界所知。

不同于很多成长于贫民窟的巴西天才，卡卡出生在一个富裕的中产阶级家庭，这或许可以解释为什么卡卡的足球不那么桑巴，却依旧优雅。

圣保罗，是卡卡足球生涯起步的地方，但在来到这里之前，他遭遇了人生的第一次重大劫难。2000年，他险些因为一次颈椎受伤而导致瘫痪，但经过两个半月的治疗，卡卡奇迹般地痊愈，从此他也变成了一名虔诚的基督徒。张开双臂，仰望天空，双手指天，感恩上帝，成为了卡卡职业生涯的招牌庆祝。

也正是在这一年，卡卡与圣保罗签下了第一份职业合同。在随后一年与博塔弗戈队争夺里约州-圣保罗州杯赛冠军的关键比赛中，19岁的卡卡替换下了当时已经小有名气的路易斯·法比亚诺，完成了职业生涯首秀。当时的解说员认为圣保罗的教练完全是疯了，可事实证明，卡卡让整个圣保罗疯了起来，他用两粒进球帮助球队反败为胜，从此一战成名。

在效力圣保罗的两年半时间里，卡卡迅速成为了整个巴西联赛最炙手可热的新人。2002年韩日世界杯，斯科拉里带上了青涩的卡卡，就如同1994年佩雷拉带上年轻的罗纳尔多一样。尽管卡卡只在对阵哥斯达黎加队

∧ 2002 年世界杯，在圣保罗队表现抢眼的卡卡入选巴西国家队，20 岁的他便捧起了大力神杯。

∨ 2006 年世界杯同克罗地亚队的小组赛，卡卡打进了个人在世界杯赛场的第一个进球，巴西队凭借此球 1 比 0 击败格子军团。

的比赛中替补登场 20 分钟，但年仅 20 岁的卡卡却捧起了很多球员一生都难以触碰的大力神杯。下一站，他要来到欧洲，去拥抱生命里那份最难忘的红黑情缘。

AC 米兰是卡卡欧洲的第一站，也是卡卡永远的家。2003 年，AC 米兰用 850 万欧元将他带到了圣西罗，出生于 4 月 22 日的卡卡选择了 22 号球衣，他不想复制传奇，而是希望让 22 这个无人问津的数字因为他的存在而变得伟大。

米兰德比，从来都是成就这座城市英雄的战场，海水与火焰的较量中，卡卡打入了他身披 AC 米兰球衣的第一个进球，仿佛命运安排他注定成为这里的主宰。来到圣西罗的第一个赛季，他用 10 个联赛进球回报了俱乐部的信任，也为自己赢得了登陆欧洲后的第一个联赛冠军。但在随后的两个赛季，AC 米兰却接连失意欧冠与联赛赛场。

红黑色黯淡的岁月里，那身属于巴西队的黄色战袍也同样让卡卡忧伤。尽管他拥有了一届属于自己的联合会杯，但是在德国世界杯的舞台上，卡卡仅仅留下了一个进球，而这竟然也是他世界杯舞台上的唯一进球。五星巴西意外陨落，但一个属于 AC 米兰的新赛季正在前方等待卡卡。

2006 年的夏天，随着舍甫琴科加盟切尔西，AC 米兰进入了卡卡纪元。这个赛季，你总能看到卡卡优雅的长途奔袭，那不是绝对速度的直线超越，也不是闲庭信步的古典盘带，但他的带球总带着一种从容不迫的优雅，在最关键的节点，又能突然给对手致命一击，这就是巅峰时期优雅杀手卡卡的真正本色。

冠军联赛 1/8 决赛与凯尔特人的次回合较量，卡卡在加时赛中一骑绝尘，用典型的卡卡式奔袭绝杀对手。毫不客气地讲，那就是一场个人英雄主义式的表演，凯尔特人没有败给 AC 米兰，而只是败给了卡卡。

半决赛，红魔当道，曼联可以战胜 AC 米兰，却依然无法阻止卡卡的优雅奔袭，没有人会忘记海因策和埃弗拉撞在一起时那略显狼狈的一幕，在最好的卡卡面前，他们只能充当世界最佳的无奈背景，两粒宝贵的客场进球为圣西罗的反击埋下伏笔。八天之后，卡卡在圣西罗用一个进球吹响了球队

∧ 2009 年夏天，卡卡离开 AC 米兰加盟皇家马德里，他与 C 罗一起成为“银河战舰二代”的当家球星。

< 卡卡率队成功复仇利物浦，一扫两年前伊斯坦布尔失利的阴霾，AC 米兰重回欧洲之巅。

∨ 2007 年 5 月 2 日，欧冠半决赛第二回合，卡卡为 AC 米兰打开胜利之门，红黑军团最终 3 比 0 完胜曼联。

反击的号角，C 罗的曼联最终败给了卡卡的 AC 米兰。

最终的决赛，超级皮波的两粒入球让 AC 米兰一扫两年前伊斯坦布尔失利的阴霾，卡卡率领 AC 米兰重回欧洲之巅，卡卡也因此荣膺了 2007 年的欧洲金球奖与世界足球先生，超级卡卡登峰造极。

辉煌过后的两年，卡卡依然延续着每赛季将近 20 球的进球数据，世界也依然延续着对他的关注。英伦新贵曼城曾经想以 1 亿欧元将他招入麾下，米兰球迷在看台上打出这样的标语——“请不要触碰我们的卡卡”。

但当一切尘埃落定，卡卡最终还是加盟了皇马。卡卡没有想要离开，他希望像马尔蒂尼那样一生都与 AC 米兰的名字连在一起，可是在 6500 万欧元的转会费面前，AC 米兰无法拒绝，卡卡加盟银河战舰。

在皇家马德里的四个赛季，卡卡带着光环而来，却最终黯然离开，腹股沟与膝盖的伤势成为了他难以言说的痛楚。人们一直在不停追问，皇马的卡卡何时能重回巅峰，但直到卡卡离开，这个问题也没有找到答案。

这四个赛季，世界失去了最好的卡卡，他在替补席上度日，他在病榻上过活，偶尔的状态回升都会让爱他的人欢呼雀跃。但你不得不承认这个残酷的现实，最好的卡卡，从来不属于白色的皇马。

回家，回到 AC 米兰，回到圣保罗，这都是卡卡后来的选择。家还在那里，但是归来的早已不再是那个优雅的杀手卡卡，而是历经了人世浮沉风华不再的昔日宠儿，漂泊的日子吞噬了他的足球灵感，吞噬了他的杀手本色，只有回忆可以让卡卡找到真正的家，那里才有我们一起经历的美好年华。

伯纳乌守护神

卡西利亚斯

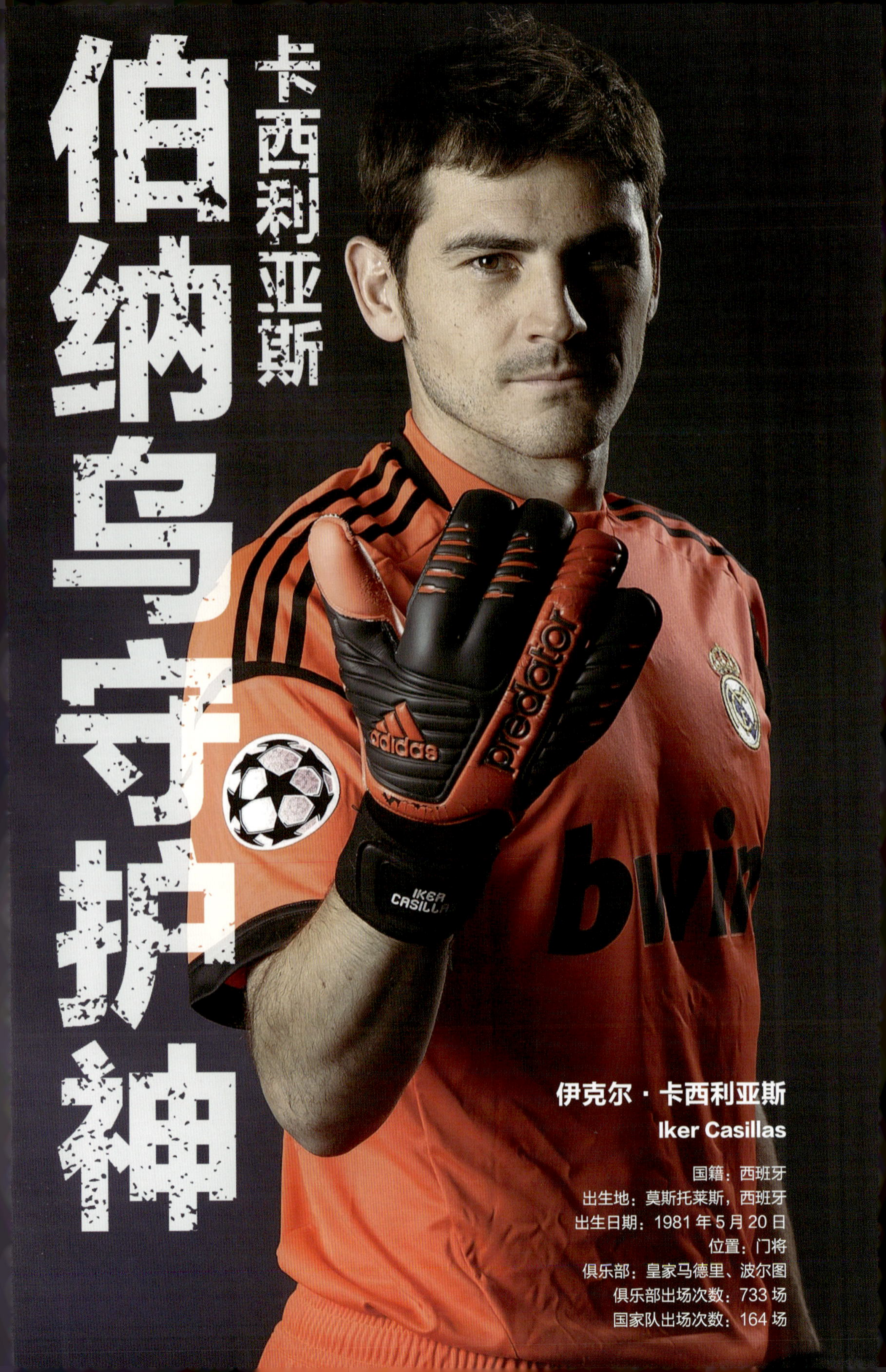

伊克尔·卡西利亚斯

Iker Casillas

国籍：西班牙
出生地：莫斯托莱斯，西班牙
出生日期：1981 年 5 月 20 日
位置：门将
俱乐部：皇家马德里、波尔图
俱乐部出场次数：733 场
国家队出场次数：164 场

总有一首歌，能让你想起他

>>>

歌名：Hero
歌手：Enrique Iglesias

曾经，他是伯纳乌的守护神；但当他转身离去，他的眼神里意外地写满了悲凉。卡西利亚斯曾经说过："我的梦想是在九岁起就效力的俱乐部退役。"曾几何时，那是个真实的梦，但终究，那却只是梦一场。

2015年7月12日，伯纳乌的发布厅里迎来了独自一人的卡西利亚斯，没有俱乐部官员，没有教练组成员，也没有曾经的队友，他的心不知何处安放。孤身一人，他将宣布告别皇马。

欲语泪先流，卡西刚要开口说话就哽咽了。虽然眼泪可以说明一切，但眼泪并不能挽回什么。现场的媒体记者，很多人都是卡西足球经历的见证者和记录者，此时，也都默默垂泪，发布厅里同时自发地响起了掌声。长时间的哽咽后，卡西含泪道别："无论我身在何处，我都会继续高喊：'前进，马德里！'"

16年前，年仅18岁的卡西利亚斯在1999/2000赛季对毕尔巴鄂竞技的比赛中迎来了自己的皇马处子秀，这个赛季他在欧洲冠军杯中的表现更为出色，一路护卫球队进入决赛。在与巴伦西亚队的决赛中，四天前刚刚过完19岁生日的卡西利亚斯首发出场，力保球门不失。劳尔为球队锁定胜局时，卡西长跪不起，这是皇马历史上的第八座欧冠奖杯，对于卡西来说真是梦幻般的经历。

两年后，皇马再次杀进欧冠决赛，正处于职业生涯低迷期的卡西却失去了主力位置，塞萨尔首发出场。第65分钟塞萨尔的意外受伤，让替补席上来不及做准备活动的卡西利亚斯只能仓促登场，这短短的30分钟，他用神勇的表现重新证明了自己。伤停补时阶段，贝尔巴托夫势在必进之球被卡西在球门线上用脚挡出，皇马在对方的冲击下几乎失守。勒沃库森再次开出角球，贝尔巴托夫头球攻门，卡西再次用脚挡出，连续的神奇扑救，终于将皇马第九次带到了欧洲之巅。这场比赛，也被认为是卡西皇马生涯

∧ 1999/2000 赛季欧冠决赛，皇马 3 比 0 完胜巴伦西亚，刚刚度过 19 岁生日的卡西利亚斯力保球门不失。

∨ 2008 年欧洲杯，身为队长的卡西利亚斯高举德劳内杯，黄金一代的西班牙球员开始了对世界足坛的征服。

中真正的封神之战。

2002 年，恰是皇马的百年庆典，在收获欧冠和世纪最佳俱乐部荣誉的同时，他们也收获了一个只有 21 岁却几乎囊括俱乐部最高荣誉的卡西利亚斯。除了两座欧冠奖杯之外，他已经在 2001 年和 2003 年作为主力两夺西甲冠军。

年轻的卡西也在西班牙国家队早早奠定了主力位置。2002 年世界杯，由于主力门将卡尼萨雷斯的意外受伤，卡西第一次出现在世界杯赛场上，他在对爱尔兰的比赛中两记神勇的点球扑救奠定了自己的位置，也从此得名“圣卡西”。尽管西班牙队并未走得太远，但 2002 年夏天的经历对卡西尤为重要，西班牙队主力门将的位置从此再未动摇过。当时已有人早早预测，未来的国际足坛第一门将之争，就会在布冯和卡西利亚斯之间展开。

那个时代的银河战舰众星闪耀，俱乐部自己培养的球员只有劳尔、古蒂和卡西利亚斯能在众星的光环下毫不逊色。2003 年到 2007 年之间，卡西只缺席了三场联赛，国家队的比赛更是几乎全勤。在劳尔退出国家队之后，卡西被委以重任，成为西班牙队的新队长，即将带领斗牛士军团创造一个新的时代。

在此之前，皇马也在阔别联赛冠军四年后，终于从巴萨手中夺回了西甲冠军。一系列的荣誉让出征 2008 年欧洲杯的卡西利亚斯志存高远，在老帅阿拉贡内斯的统领下，西班牙队拉开了在世界足坛统治的序幕。西班牙与意大利相逢在 1/4 决赛，卡西与布冯相遇的时候，卡西再次挡出两记点球，帮助西班牙击败意大利昂首晋级。进入淘汰赛之后，卡西在三场强强对话中未失一球，西班牙队继 1964 年之后再次荣登欧洲冠军的宝座。27 岁的队长卡西利亚斯高举德劳内杯，黄金一代的西班牙球员开始了对世界足坛的征服。

两年后的南非，当他们作为最大热门征战世界杯时，却遭遇了首战负于瑞士的当头一棒，但博斯克手下的斗牛士们在重压之下再度证明了自己。他们很快调整状态，在进军决赛的道路上全无对手。7 月 11 日的约翰内斯堡足球城，从未问鼎过世界杯的西班牙队和荷兰队相遇在决赛场，圣卡西

∧ 决赛终场哨响，西班牙队凭借伊涅斯塔加时赛中的进球1比0力克荷兰，卡西掩面哭泣跪地不起。

< 在南非约翰内斯堡足球城，卡西高举大力神杯，西班牙队历史上首夺世界杯。

∨ 2010年世界杯决赛，卡西先后两次扑出荷兰队罗本的单刀射门。

威风八面，连续两次神奇地挡住了罗本的单刀球。伊涅斯塔在加时赛中一剑封喉，西班牙队历史性地成为了世界冠军。两年之内，他们连夺欧洲杯和世界杯，成为了世界足坛的无敌舰队。

西班牙队的领袖，伯纳乌的守护神，还不满 30 岁的圣卡西依然还会长时间地保持在巅峰。对塞维利亚的比赛中，卡西连续做出了两次无法用语言形容的神奇扑救，其中第二次，他在门前一米处不可思议地挡出了佩罗蒂的射门，被称作是“世纪扑救”。2010 年，由于劳尔的离队，圣卡西成为了皇家马德里的队长，10 月 19 日对 AC 米兰的欧冠小组赛，卡西成为了欧冠史上出场次数最多的门将，他不断地创造纪录并将纪录不断延续下去。在 1 比 0 击败巴萨夺取国王杯之后，西甲、国王杯、西班牙超级杯、丰田杯、欧洲杯、世界杯，一个职业球员所能得到的所有集体荣誉，他已全部囊括。

2011/2012 赛季，皇马获得了第 32 座联赛冠军奖杯，庆典仪式上，星光点点的伯纳乌见证了皇马队长接受八万人的欢呼，也见证了穆里尼奥跪谢球员，皇马迎来了最好的时代，一个伟大的队长在一任伟大主教练的手下更是志得意满。当时怎会有人想到，这一切看似和谐的场面，会在仅仅半年后就烟消云散。

那是让人始料未及的一幕，2012/2013 赛季西甲第 17 轮，皇马客战马拉加，穆里尼奥出人意料地把卡西放在了替补席上，年轻门将阿丹首发出场。一个月后的国王杯，夺回首发的卡西不慎被队友阿韦罗亚踢中，这成为了他皇马生涯的一个巨大转折点。迭戈·洛佩斯的到来让卡西与穆里尼奥的矛盾达到了顶点。即便是安切洛蒂接替穆里尼奥上任后，他依然选择洛佩斯作为主力。

卡西直到 2013/2014 赛季欧冠首轮才回到了首发，那是他时隔 238 天后的首次首发，然而第 14 分钟，他在与拉莫斯相撞后无法继续比赛。238 天后，仅仅 14 分钟，卡西又交出了主力位置。整个 2013/2014 赛季，卡西沦为了杯赛门将，但他却在有限的时间内最大限度地证明着自己。皇马夺取了自己的第十座欧冠奖杯，尽管卡西在决赛中失误被戈丁破门，但好在拉莫斯救主，把皇马从悬崖边上拉了回来。赛后卡西与拉莫斯的拥抱像是

一种感激，也像是对十全十美欧冠生涯的共勉。

和任何人一样，在岁月的流逝中，卡西也不可避免地逐渐走下神坛。2012 年欧洲杯上，连续三届大赛夺冠的神话已成历史，两年后，当南非世界杯决赛两队在巴西再次碰面时，卡西的大门被五次洞穿，小飞侠罗本更是将卡西戏耍得狼狈不堪。卫冕冠军小组出局，西班牙足球的黄金一代也就此谢幕。

2014/2015 赛季西甲最后一轮，皇马在伯纳乌迎来了赫塔费，也迎来了卡西皇马生涯的最后一战。一个月后他宣布离开皇马，伯纳乌的守护神在自己的成名之地正式挥手告别。18 座奖杯摆在那里，这不是一次事先期许的告别，25 年皇马生涯，像是突然画上了一个句号。

和劳尔、古蒂一样，卡西也没能在伯纳乌终老。在孤独行走的路上，卡西并非形单影只，孤独的人们，品味着一样的凄凉。他们从这里走来，只是不想离开，但一切终究只是奢望，这或许就是足球。亦或许，这根本不是人们眼中足球应有的本来模样。

< 2015 年 7 月 13 日，皇马为卡西举行伯纳乌告别仪式，卡西展示自己为球队获得过的冠军奖杯。

杰拉德

永不独行

史蒂文·杰拉德

Steven Gerrard

国籍：英国
出生地：惠斯顿，英国
出生日期：1980 年 5 月 30 日
位置：中场
俱乐部：利物浦、洛杉矶银河
俱乐部进球数：188 球 /719 场
国家队进球数：21 球 /114 场

总有一首歌，能让你想起他

>>>

歌名：Don't Go Away
歌手：Oasis

有人说，利物浦是一座宗教气息浓郁的城市，因为这里的人们把足球当作他们的信仰。宗教世界里，总少不了对于英雄的崇拜，过往的 17 年，在红色的信仰世界里，杰拉德就是这座城市的全部。他在这里成长，他在这里成熟，他在这里守候，他在这里告别。一个人守护一座城，一座城送别一个人。

2015 年 5 月 16 日，在利物浦主场对水晶宫的赛后，杰拉德最后一次走过“这里是安菲尔德”的著名通道，陪伴他的是自己的三个女儿。“你永远不会独行”，这会是安菲尔德球场永恒的旋律，可对于球员杰拉德而言，这便成为了最后一次的聆听。从传奇开始到传奇谢幕的一刻，这歌声陪伴始终。回望过去，曾经走过的这条路，他从来不曾孤独前行。

或许有两个时刻，是杰拉德告别时分，红军球迷最为怀念的记忆。1998 年 11 月，18 岁的杰拉德在对布莱克本的比赛中替补登场，完成自己的英超首秀。1999 年 12 月，在对谢周三的比赛中，杰拉德漂亮地摆脱，过人，劲射，打进了自己利物浦生涯的处子进球。青涩的记忆便是传奇的序幕，初见惊艳，如今依然。

在利物浦的青训营中有一张著名的合影，上面的人代表着利物浦青训的精英，有福勒、欧文、麦克马纳曼，比他们年少几岁的杰拉德当然也位列其中。2000/2001 赛季，属于“黄金一代”的金色年华悄然来临。著名的英超“双红会”中，杰拉德暴力远射打破巴特斯大门的场面令人难忘，这是他职业生涯的标志性进球，从此每到与曼联交锋，杰拉德总能留下传奇之笔。

在相继拿下联赛杯和足总杯后，欧洲联盟杯决赛史上迎来了最不可思议的一场较量。杰拉德接到欧文的传球，帮助利物浦 2 比 0 取得领先。然而对手阿拉维斯队相当顽强，在大部分时间落后的局面下 4 比 4 扳平了比分，直到第 117 分钟，杰利不慎自摆乌龙，才结束了这场跌宕起伏的决赛，

▲ 2015 年 5 月 16 日，杰拉德在三个女儿的陪伴下，最后一次走过利物浦主场“这里是安菲尔德”的著名通道。

利物浦拿到了这个赛季中所有杯赛的冠军，成为了三冠王。

而慈善盾杯和欧洲超级杯的冠军让利物浦在 2001 年最终成为了五冠王，这辉煌的一年在杰拉德的职业生涯中占据着极为重要的位置。还是这一年，神奇的 2001，杰拉德随英格兰队在慕尼黑 5 比 1 狂扫宿敌德国队，创下令人惊叹的纪录，杰拉德打进一记反超比分的远射，而这场比赛中英格兰的五个进球竟然全部出自利物浦球员脚下。

2003 年，杰拉德被主教练霍利尔正式任命为红军队长，这位年仅 23 岁的队长从此成为了安菲尔德的旗帜。他的领袖气质在 2004 年 12 月的寒冷冬夜中体现得尤为明显，与奥林匹亚科斯的欧冠小组赛最后一轮，利物浦已到危急的边缘，第 86 分钟，队长杰拉德单骑救主，他在禁区外拔脚怒射，打进职业生涯最荡气回肠的一球，这个进球的非凡价值仅用一句话就可以概括：“如果没有此球，哪里来的伊斯坦布尔奇迹？！”

2004/2005 赛季欧冠决赛，利物浦队上半场 0 比 3 落后 AC 米兰，杰拉德在第 54 分钟为球队扳回一球之后，挥舞双臂激励全队不要放弃。

▲ 利物浦队最终实现超级逆转，"伊斯坦布尔奇迹"永留经典。

▼ 2014 年 3 月 16 日，利物浦在老特拉福德 3 比 0 大胜曼联，杰拉德打进两粒点球，他在攻入第二球之后亲吻摄像机镜头。

那的确堪称欧洲冠军杯历史上的奇迹。2005 年 5 月 25 日的伊斯坦布尔，在 0 比 3 大比分落后 AC 米兰的局面下，杰拉德的头球在下半场吹响了利物浦反攻的号角，进球后的他奋力挥舞着双手，激励着红军将士，也激起了全场红军球迷的火热气氛。他们竟在六分钟内连扳三球，3 比 3 的比分永远留在了伊斯坦布尔的记分牌上。点球大战中，杜德克复制了当年格罗贝拉的大腿舞，利物浦第五次站在了欧冠之巅。杰拉德作为队长高举奖杯，21 年后的再次登顶，记载着利物浦昔日的荣光，也记载着今日重回巅峰的艰难之路。

只是，英超冠军的梦想却还遥远，为此杰拉德想到过转会，穆里尼奥的邀请几乎已成现实，却在最后时刻峰回路转，杰拉德与利物浦续约，从此一扎根又是十年。没有人忘记 2006 年 5 月同西汉姆联队足总杯决赛的情景，在为利物浦 2 比 2 扳平比分后不久，杰拉德的球队再次落后。比赛临近尾声，绝境下的红军队长在抽筋的局面下拼尽最后的气力，35 米开外一脚怒射，打进自己职业生涯的又一标志性进球，再次挽狂澜于既倒。3 比 3，又是这个熟悉的比分。点球大战中，利物浦最终击败西汉姆，时隔五年后再捧足总杯。

又过了三年，杰拉德率领利物浦几乎要完成英超登顶，他们在老特拉福德 4 比 1 横扫曼联，他们甚至取得了英超成立以来自己的最高积分 86 分，但曼联却最终把冠军握在了自己的手中，第 18 次登上了英格兰顶级联赛冠军宝座。这个数字，恰恰平了利物浦保持多年的英格兰足球纪录，这对于杰拉德来说更是一种深深的刺激。

前赴后继的后来者们，无论是霍奇森还是“国王”肯尼，都无法实现利物浦英超的梦想，年轻教练罗杰斯却带领利物浦来到了胜利的边缘。2013/2014 赛季中，杰拉德在老特拉福德点球梅开二度，他兴奋地对着摄像机亲吻镜头，一场 3 比 0 的大胜在鼓舞士气的同时，更让他们的夺冠前景被人看好。倒数第三轮对战切尔西，他们有可能毕其功于一役。然而上半场最后一分钟，杰拉德意外滑倒，登巴巴致命一击。这一滑，击碎了利物浦 20 多年来距离最近的一次英超冠军梦想；这一滑，又像是上天故意安排的，在杰拉德的人生当中留下了深深的痕迹，他说：“这次滑倒，将伴随

▲ 2010 年南非世界杯小组赛，英美大战在皇家巴弗肯球场进行，杰拉德开场第 4 分钟为英格兰队先下一城。

我一生。”

同样是在 2014 年，杰拉德还结束了自己 15 年的国家队生涯，在身披三狮军团战袍的日子里，杰拉德出战六届大赛，有过回传失误造就齐达内逆转的低迷，也有过佩戴队长袖标振奋士气的高昂，然而终究都是一场梦。英格兰队距离世界大赛的锦标渐行渐远，更让杰拉德感到悲哀的是，困扰英格兰队十余年的“双德”并存问题，最终没能找到答案。

时光是最烈的毒药，侵蚀着三狮军团有可能冲击的荣耀，当兰帕德已经 36 岁，当杰拉德已经 34 岁，他们在米内罗竞技场最后一次并肩作战的场景让人唏嘘风华已去。唯一的感慨是，这段“双德”岁月，没有荣誉，却依然成为岁月的传奇。

2015 年，杰拉德终在利物浦告别。我们可以说，杰拉德就是利物浦在足球场上的披头士，在繁华中写就光荣，也在繁华中突然谢幕。3 月 22 日，

2013/2014 赛季英超倒数第三轮，利物浦主场同切尔西关键一战，杰拉德意外滑倒，被登巴巴抓住机会打进一球。利物浦 0 比 2 告负，在冠军的争夺中错失良机。

在杰拉德的最后一场“双红会”中，38 秒登场后的红牌，成为了他红军生涯最后的戏剧性故事。但这并不妨碍杰拉德已成为城市之王，利物浦——这座古老的城市用最动情的音符送别他们的城市偶像。5 月 16 日，杰拉德 17 年安菲尔德生涯的最后一战，家人在看台上打出了巨大的横幅——“我们将永远追随”，这想必也是整座城市的动情心声。看台上，还有一道横幅更加引人注目——“最好的现在就在，最好的曾经就在，最好的永远都在”。

到了说再见的时候，过往 17 年似仍历历在目。当青涩写在他的脸上，无人知晓他会是利物浦的未来领袖。一个个石破天惊的进球，一次次霸气冲天的怒吼，彰显着一个男人的力量。在足球世界，从一而终，越来越像一件奢侈品，可你却用 710 场的坚守，换来离别时的尊重。对于真正爱你的人而言，那些闪耀的奖杯从来不是爱你的全部理由。下一站，你的梦想在遥远的美利坚，下一站，你只是换了一种方式忠诚守候。

足球精灵

罗纳尔迪尼奥

罗纳尔迪尼奥

Ronaldinho

国籍：巴西

出生地：阿莱格里港，巴西

出生日期：1980 年 3 月 21 日

位置：中场

俱乐部：格雷米奥、巴黎圣日耳曼、巴塞罗那、AC 米兰、弗拉门戈、米内罗竞技、克雷塔罗、弗鲁米嫩塞

俱乐部进球数：279 球 /723 场

国家队进球数：33 球 /97 场

总有一首歌，能让你想起他

\>>>

歌名：World of Our Own
歌手：Westlife

在葡萄牙语中，“罗纳尔迪尼奥”就是“小罗纳尔多”的意思。由于罗纳尔迪尼奥和罗纳尔多一样也有着过人的足球天赋，人们便称他为“小罗纳尔多”，而中国球迷更为亲切地称他为“小罗”。

父亲告诉儿时的小罗，在欧洲有一座金球，那座金球一定会属于他。这句话就是小罗职业生涯的座右铭，但可惜的是，父亲没能等到他成功的时刻就早早离去，这也是为什么小罗在进球后经常双手指向天空，眼神深邃，那是为了告慰天堂里的父亲。

很多人对于小罗的第一印象是在1999年国际足联联合会杯上，那个19岁的巴西精灵有如鬼魅，杂耍般地戏弄着所有对手的防线，尽管巴西队在决赛中3比4不敌墨西哥，但是小罗独揽金球和金靴，他的横空出世让整个世界足坛眼前一亮。

年轻的小罗拥有众多让人艳羡的独门绝技，比如那个著名的牛尾巴过人，他可以在瞬间改变球的方向，速度、柔韧性加上智慧，这就是小罗踢球的方式。伴随着这些神奇的表演，众多豪门对小罗垂涎欲滴，不过，最终吸引罗纳尔迪尼奥注意的却是法甲的巴黎圣日耳曼俱乐部，因为他梦寐以求的金球奖杯就在巴黎。

在那座魅力四射的都市，小罗的才华和出色的个人技巧如同夜晚的埃菲尔铁塔一般引人入胜，他很快成为了法国赛场上一道靓丽的风景。在现代足球激烈残酷的拼抢下，小罗将力量、意识、技巧完美地结合。快速突破时，他像披散长发的魔鬼；摆脱过人的时候，他又变成了优雅智慧的精灵。巴塞罗那球迷日后所看到的演出，巴黎的球迷们早已先睹为快。

我们看过太多罗纳尔迪尼奥身披国家队战袍的画面，印象最深的自然是2002年在东亚土地上的精灵降世。巴西“3R组合”威风八面，无坚不摧，碾过土耳其铁骑，击退比利时红魔，摧毁英格兰双塔，然后就有了小

∧ 2003 年 4 月 27 日，法国杯半决赛，罗纳尔迪尼奥独中两元，帮助巴黎圣日耳曼队 2 比 0 击败波尔多闯入决赛。

∨ 2002 年世界杯是罗纳尔迪尼奥步入巅峰的开始，大力神杯成为他走向成熟的壮行礼。

罗那鬼魅超凡的美妙彩虹，任意球直接吊射破门，让英格兰门将希曼至今不愿回首。或许那个夏天，首次参加世界杯的小罗的星光不及“外星人”罗纳尔多，但是，那却是罗纳尔迪尼奥步入巅峰的开始，用大力神杯作为自己走向成熟的壮行礼是再完美不过的事了。

2003 年的夏天，对荣誉的无限渴望让小罗和巴黎说了再见。面对着更具诱惑力的欧洲赛场，一个顶级豪门的平台才是这个足球精灵应该展翅起飞的地方。

所以，小罗从巴塞罗那主席拉波尔塔手中接过了巴萨的 10 号球衣，一个新的时代降临巴萨，小罗也开始了自己的金色年华。在这里，小罗热情奔放、善于表现的特点和加泰罗尼亚人狂放不羁的性格一拍即合，一时间，巴塞罗那球迷称小罗为“上帝赐给巴萨的礼物”。

对于罗纳尔迪尼奥来说，他最愿意做的也是最有成就感的事情，就是用自己的笑容、自己的快乐影响着所有场上的队友、场内的球迷，甚至对方球员。在他的眼中，容不得任何有失公正的沙子，小罗的足球世界永远是纯净的，而足球就是自己的生命。

在巴塞罗那的第一段时光，小罗用一座世界足球先生作为收尾，虽然那一年他和巴萨还没有任何锦标加身，但是所有人都知道这只是时间问题。2004/2005 赛季，小罗带领红蓝军以 84 分的俱乐部历史最高积分力压死敌皇马夺得联赛冠军。巴塞罗那在卧薪尝胆几年之后用冠军重新点燃了整座城市的激情，而那燎原的星火之光就是精灵般的罗纳尔迪尼奥。

半年后的伯纳乌，对小罗而言，不是什么百场纪念，但却同样具有里程碑的意义。那场比赛，他一个人让皇马的天王巨星们相形见绌。在罗纳尔迪尼奥的面前，皇家马德里的后防线形同虚设，他两次长途奔袭洞穿卡西利亚斯把守的城门，凭借一己之力击沉了银河战舰，巴塞罗那梦二王朝的领袖小罗也让高傲的皇马球迷集体臣服，为他鼓掌。

就在伯纳乌取得国家德比胜利的一周之后，罗纳尔迪尼奥终于实现了父亲的预言，站在了欧洲金球奖的领奖台上。2005 年，这座奖杯上永远刻下了一代新星的名字，而之后他卫冕世界足球先生的荣誉则显得顺理成章。

∧ 2005 年 10 月 30 日，小罗庆祝自己同皇家社会队的进球。标志性的笑容，标志性的庆祝动作，巴萨的小罗被视作足球的精灵。

< 2005/2006 赛季欧冠决赛，巴塞罗那在法兰西大球场 2 比 1 击败阿森纳，小罗第一次也是唯一一次举起欧冠奖杯。

∨ 2008 年 9 月 28 日，小罗在米兰德比中攻入制胜进球，AC 米兰 1 比 0 击败国际米兰。

有人说，小罗职业生涯的顶峰瞬间定格在了 2006 年 5 月 17 日的巴黎法兰西大球场，在自己梦想起航的地方，罗纳尔迪尼奥第一次也是唯一一次举起欧冠冠军奖杯。在巴塞罗那的五个赛季，罗纳尔迪尼奥留给了红蓝军近 70 个进球，两个西甲冠军和一个欧冠冠军，巴萨的历史上，小罗已经拥有了无可替代的地位。只可惜，巅峰时期的小罗未能率领巴西队在 2006 年世界杯上有所作为，那几乎可以看作是小罗职业生涯的重大分水岭。

在之后的几年，穿上红黑战袍的小罗也完全有实力再次触碰奖杯，毕竟他也给了死气沉沉的 AC 米兰耳目一新的感觉，留下了 24 粒精彩进球。只不过，迷恋灯红酒绿的小罗选择了慢慢沉沦，以至于没有人意识到他正在褪去精灵的外衣，披上普通人的皮囊。

即便他也曾经在几年前的巴西米内罗竞技指点江山、呼风唤雨，带队夺下 2013 年南美解放者杯，这也只不过稍微延缓了小罗退出历史舞台的脚步。我们必须承认，小罗的时代已经走远，当他匆匆而来时，我们惊喜万分，甚至每每谈论起这个名字都会眉飞色舞；而当他匆匆而过时，我们百般寻望，即便明知小罗的影子已经很难再出现在主流舞台，仍然希望能探听一些音讯，找回一些记忆。这些记忆就是不断穿梭在脑海的印象流，汇集了包含足球本真的零落碎片，片片都是激情，片片都是欢笑，就像小罗每每露出他的龅牙时不经意间透露出的那份纯真、自然和快乐。

最强大脑 哈维

哈维·埃尔南德兹

Xavi Hernandez

国籍：西班牙
出生地：特拉萨，西班牙
出生日期：1980 年 1 月 25 日
位置：中场
俱乐部：巴塞罗那、萨德
俱乐部进球数：90 球 / 833 场
国家队进球数：13 球 / 133 场

总有一首歌，能让你想起他

>>>

歌名：Yo Te Amo
歌手：Chayanne

在 2014 年拍摄的一部纪录片中，科学家做了一项实验，试图从不同维度测试球员控球时的大脑活动，哈维成为了最佳的实验对象。他在观察了运动摄像机记录的瞬间画面后，面对一张白纸，成功重现了比赛状况下 20 人中 16 个人的站位，而普通球员只能重现 6 个，哈维拥有超出常人的空间感知能力。

另一项测试中，他在众多干扰项中用时 13.3 秒，准确地串联出数字 1-16，这几乎是普通人完成速度的 3 倍，哈维对于有效信息的把握能力也让人大为惊叹。这次测试的多项结果足以给出证明，哈维拥有足球世界的最强大脑。

这颗最强的大脑在诺坎普球场运转了 17 年的时间，而哈维始终是红蓝色足球的忠实信徒。17 年前，拉玛西亚学院里的风光，对年轻的哈维来说，格外迷人。当时的他，仰望着那些前辈巨星们走过的方向，开始寻觅阳光，汲取营养。身体条件并不出众的哈维，脚下技术却让人印象深刻，这一点让时任巴萨主帅范加尔眼前一亮。1998/1999 赛季，作为一线队新生的哈维在自己的处子赛季收获了太多美好的体验，首秀破门，欧冠出场，这些经历都慢慢积淀着哈维统治球队中场的能量。

在巴萨传统的战术体系中，后腰球员起着重要的作用，而在当时的巴萨队中，瓜迪奥拉就是这一位置的不二人选，也是哈维职业生涯初期一直效仿的对象。或许这也是为什么、当瓜迪奥拉在 2008 年走上诺坎普的教练席时，哈维第一个站出来支持巴萨新帅的原因。其实，哈维在那时早已展露出成为革命性后腰的潜力。在世纪之交的那几年，无论是范加尔、费雷尔还是雷克萨奇，都无法唤醒沉睡中的巴塞罗那，但是他们始终坚持将哈维打造成红蓝军中场矩阵中的重要一环。

而 2003 年，小罗的到来有如洒向巴萨俱乐部的一缕阳光，也将哈维进一步激活，从 2004/2005 赛季开始，哈维用沉稳的中场调度给了攻击线上的小罗、久利等人充分释放灵感的空间，他在球队中场的节拍器作用愈发明显。

然而，2005 年 12 月，正在上升期的哈维在训练中膝盖韧带撕裂，这种伤病被看作是球员健康的一号杀手。在场上球风俊秀的哈维，当第一次面对可能长达六个月无缘赛场的厄运时，表现出了硬汉的一面。连续两个月，他几乎每天很早就跟随理疗师徒步登山，促进肌肉力量的恢复。这场伤病让哈维错过了巴萨“梦二队”辉煌的 2005/2006 赛季，虽然及时的复出还是让他保住了在诺坎普的主力位置，但是他难以阻止小罗低迷引发的王朝坠落，哈维总是希望自己可以改变一些什么，但无奈球场上的职责有限，让他多少感觉到无从发力，直到瓜迪奥拉的到来。

该用什么样的修辞来描绘从 2008 年开始蓬勃繁盛的西班牙足球？开启那个时代的标志性人物又是谁？可以是阿拉贡内斯，他开创了斗牛士军团统治级的全新战术，让博斯克可以在之后的两届世界大赛轻松沿用，绝对算是前人栽树，后人乘凉；当然也可以是瓜迪奥拉，他让巴塞罗那足球革命的影响力向整个欧洲传递，并且达到了前无古人的高度，更让队中的核心骨干成为了西班牙国家队的战术依托。而在两个改革大师战术蓝图的交集中，传控，是这场足球革命的核心代名词，而最佳代言人，毫无疑问就是哈维。

从 2008 年到 2012 年，一个最好的哈维在一个完美到极致的巴塞罗那达到了个人职业生涯的顶峰，其中不乏经典代表作，比如 2008/2009 赛季做客伯纳乌一战，哈维上演助攻大四喜，帮助巴萨客场 6 比 2 血洗皇马；2010/2011 赛季那场在诺坎普的国家德比，伊涅斯塔的直传刺破皇马防线，哈维迅速反应后挑过卡西破门，引领了又一场巴萨 5 比 0 对皇马的屠戮；而那个赛季的欧冠决赛，哈维在红魔紧密的防线中找到一条转瞬即逝的缝隙，将球准确送到佩德罗脚下，后者随即破门得分……面对不同风格的对手以及复杂的场上环境，哈维总能找到最适合的空间，做出最有效的判断，送出最致命的传球，而这一切几乎都是在瞬间完成，并且从容不迫。

西班牙国家队的战袍，是哈维职业生涯另一件挂满勋章的戎装，创纪录的世界大赛三连冠，从欧洲到非洲，哈维引导着斗牛士精确打击对手的每一寸软肋，串联起了世界足坛举世无双的技术流中轴线。他让西班牙队

∧ 西班牙国家队战袍是哈维职业生涯挂满勋章的戎装，2010年世界杯夺冠之后，哈维同队友比利亚、略伦特在更衣室内与大力神杯合影。

> 2010/2011 赛季欧冠半决赛第二回合，巴萨主场迎战皇马，在主罚任意球前，哈维同梅西捂嘴商量战术。这样的场景在巴萨球迷心中成为经典。

∨ 2008/2009 赛季欧冠决赛，巴萨在罗马奥林匹克体育场2比0击败曼联夺冠，"梦三时代"就此开启。

所有位置球员的跑位效率达到最高，也让对手跟着他的节奏逐渐迷茫，任他摆布，并且在关键时刻送出致命传球。哈维就这样不厌其烦地履行着自己的国家使命，并且乐在其中。

2015年的秋日私语慢慢述说着哈维17载的红蓝年华，当他决定作别伊比利亚半岛的海风，对手之间的针锋相对已不再重要。卡尔德隆球场，当哈维最后一次以客队身份出战西甲联赛，马德里竞技主场的球迷起立为他送上真挚的祝福，那一定是发自心底的致敬。

对于哈维来说，他或许早已做好准备迎接告别的时刻，但当他真的听到来自诺坎普的呼喊，在感恩与留恋双重情绪的交织中，哈维终究难以自制，潸然泪下。也许，个人第八座西甲冠军奖杯可以抚平心绪，而他曾经埋在心底的承诺，也在6月6日的柏林奥林匹克球场的夜空中以最绚烂的方式成为现实，三冠王，这是哈维最真切的期待，也成了最完美的告别。

17年的时间，超过760次出场，25个冠军头衔，那些曾经骄傲的，失落的，平静的，波澜的，记住的，忘却的，留下的，带走的，都定格在了传奇最后的这一瞬间，在那颗最强大脑里永久封存。也许，岁月的迁徙可以改变他的思考方式，但无法让他停止转动。

> 2011年5月15日，巴塞罗那队在诺坎普欢庆夺得联赛冠军。17载红蓝生涯，哈维共夺得了25座冠军奖杯。

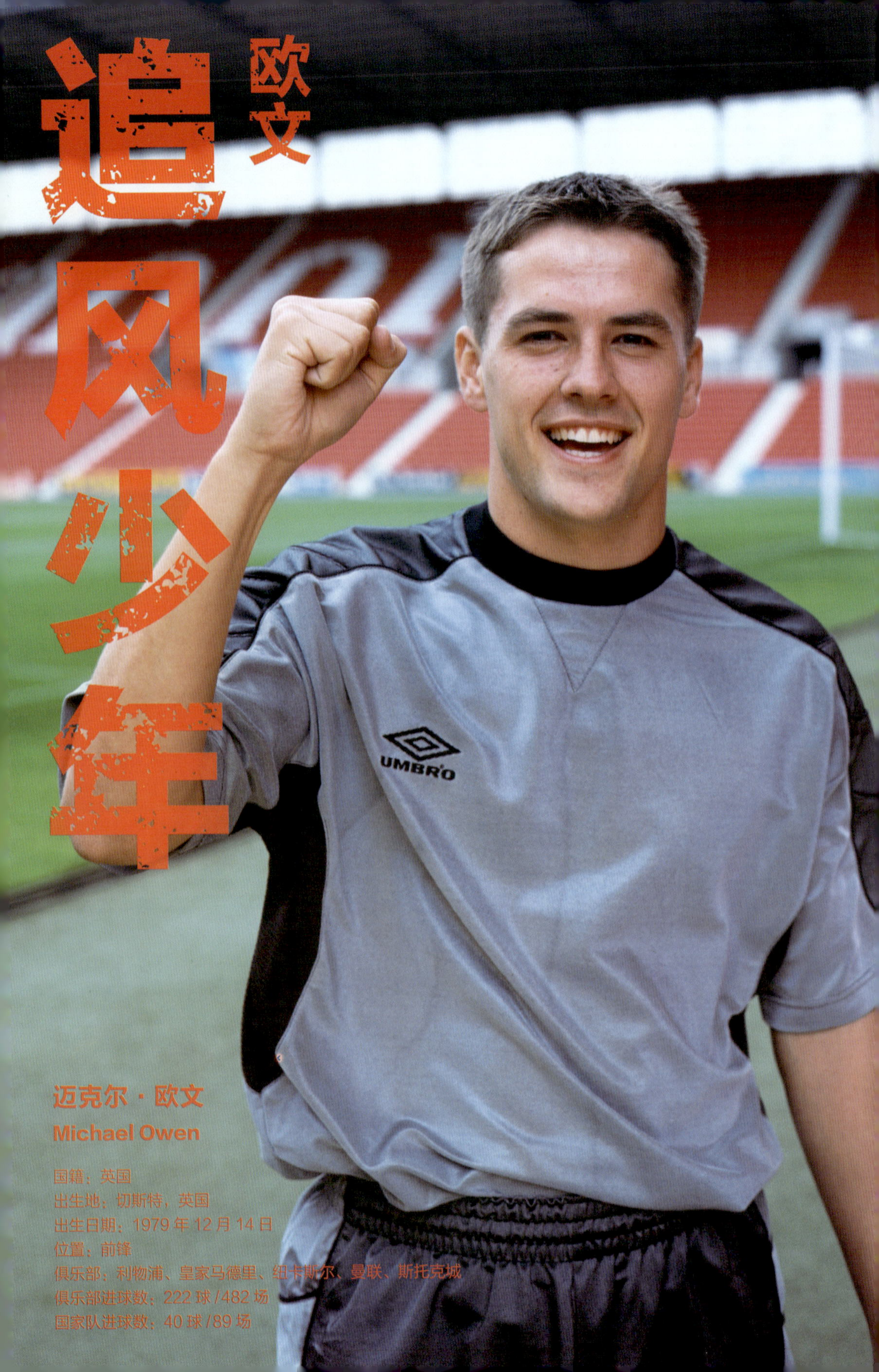

追风少年

欧文

迈克尔·欧文

Michael Owen

国籍：英国

出生地：切斯特，英国

出生日期：1979 年 12 月 14 日

位置：前锋

俱乐部：利物浦、皇家马德里、纽卡斯尔、曼联、斯托克城

俱乐部进球数：222 球 /482 场

国家队进球数：40 球 /89 场

总有一首歌，能让你想起他

>>>

歌名：Patience
歌手：Take That

1998 年的法兰西之夏，见证了一个 18 岁的少年横空出世。英格兰对阵阿根廷的 1/8 决赛，贝克汉姆后场传球，得球后的欧文长驱直入，在以风一般的速度接连晃过查莫特和阿亚拉的防守后，欧文打破了罗阿把守的球门。这一球，正是迈克尔·欧文的成名之作，在世界杯史册上留下的经典一笔，他也从此得名“追风少年”。

那是欧文的世界杯第二球，就在八天前对罗马尼亚的比赛中，他刚刚以 18 岁零 190 天打破了英格兰队的最年轻进球者纪录。虽然 1998 年世界杯英格兰队并未走得很远，但那年夏天的欧文和贝克汉姆组成了英格兰队的“双子星座”，在世界杯上体验了一夜成名的感觉。

∧ 1998 年世界杯，欧文横空出世，他在同罗马尼亚的小组赛中打进自己世界杯第一球。

▲1998 年 10 月 24 日，利物浦主场 5 比 1 大胜诺丁汉森林，欧文上演大四喜。

和福勒们一样，欧文是又一个出自利物浦青训营的杰出产品，年少成名是这群利物浦少年的共同特点。就在 1996 年 12 月 14 日，欧文 17 岁生日这一天，他同利物浦签订了正式的职业球员合同。而在 1997 年 5 月 6 日，年仅 17 岁零 143 天的欧文就在自己的英超首秀中取得了进球，这使他在当时成为了英超历史上最年轻的进球球员，这个纪录直到六年后才被鲁尼打破。在 1997/1998 赛季中，欧文攻入 18 个联赛进球，在自己的第一个完整英超赛季就获得了最佳射手。那时的欧文，简直就是一位为纪录而生的球员。

经历了 1998 年梦幻般的夏天，欧文再回到利物浦的时候，他已经穿上了巴恩斯留下的 10 号战袍。无法忘记 1998 年 8 月的圣詹姆斯公园之旅，欧文大演帽子戏法，其中第三个单挑纽卡斯尔防线的惊艳进球，更被认为是他俱乐部生涯的最佳进球，随后那个著名的搓手庆祝也堪称经典。这个 30 分钟之内的帽子戏法是欧文英超生涯中的标志之战，从此，他在不到 19 岁的年纪就已经步入了巨星的行列。

那时，利物浦的霍利尔时代正如日中天，在 2000/2001 赛季，利物浦勇夺三冠王。特别要回忆起 2001 年 5 月 12 日加的夫千年球场的足总杯决赛，在永贝里先下一城帮助阿森纳领先的局面下，欧文在最后时刻奉献了惊人的演出，他在 5 分钟内连入两球为利物浦实现逆转。尤其是打进制胜球的过程，欧文再次展现了自己风一般的速度，他强行突破为红军实现了不可思议的超越。

在以 5 比 4 击败阿拉维斯之后，杯赛三冠王已经把沉寂多年的利物浦推向了巅峰，在默西河畔全城庆祝三冠的震撼场面，仿佛是纪念一个沉寂的巨人重生的开始。之后的社区盾杯和欧洲超级杯，欧文都有进球，利物浦分别击败曼联和拜仁两大豪门，成为了 2001 年五冠王的得主。

那是一个欧文永远不能忘记的年份。2001 年，在五冠荣耀加身的同时，时光定格在 9 月 1 日的慕尼黑奥林匹克球场，那真是一个神奇的夜晚，欧文再次横空出世，他上演了帽子戏法，英格兰队竟然在客场 5 比 1 狂扫老冤家德国队。这段史诗般的经历，成为了欧文三狮军团生涯中最闪亮的

∧ 2000/2001 赛季，在夺得联盟杯之后，欧文与福勒、卡拉格和杰拉德共同捧杯庆祝，四人是利物浦青训营的师兄弟。

∨ 2005 年 4 月 10 日，皇马在国家德比中 4 比 2 击败巴萨，欧文接贝克汉姆传球后打入一球。转会皇马是欧文职业生涯最引人注目但却最失败的一个决定。

时刻。

正是凭借在这一年中杰出的表现，欧文收获了 2001 年度的欧洲金球奖，成为继凯文·基冈之后，时隔 22 年又一位荣膺金球奖的英格兰球员。在获得金球奖的时候，欧文年仅 22 岁，人们完全有理由相信这是他通向巅峰的起点，但世事难料，事实上这竟是他巅峰的终点。在 2002 年世界杯上，第二次参加世界杯的欧文已不像四年前那么灿烂；2004 年欧洲杯，尽管在对葡萄牙的 1/4 决赛中奉献经典进球，但追风少年的步伐明显不如初出茅庐的鲁尼那般轻快。这两届大赛，竟都是欧文开始过早衰退的迹象。

一次转会更是成为转折点。在 2004 年的夏天，欧文告别安菲尔德，从迪斯蒂法诺手中接过了皇马的 11 号战袍，做出了自己职业生涯中最引人注目但却是最失败的一次转会决定。当时的银河战舰众星云集，在劳尔和罗纳尔多的身边，欧文不可能保证主力位置，虽然 36 场西甲 13 个进球的数据看起来还不错，但不甘心替补的欧文还是萌生去意。

那时，利物浦已在伊斯坦布尔登上欧洲之巅，原本以为欧文会回到利物浦，然而，2005 年 8 月重回英伦的欧文，却出现在了圣詹姆斯公园，1680 万英镑的高身价，曾经的英格兰金童又回来了，但辉煌记忆并未一同归来。

在纽卡斯尔的岁月中，伤伤停停，停停伤伤，是欧文四年最惨痛的回忆，其中最严重的一次伤势是从世界杯赛场上带来的。2006 年世界杯，状态刚有回升的欧文在对瑞典的比赛中严重受伤艰难地爬出赛场，那一镜头让全世界的球迷感伤落泪，这个曾在八年前震撼世界的天才少年，在 26 岁的黄金年龄，却以这样的方式永久告别了世界杯赛场。这是欧文职业生涯最重大的一次打击，在长达一年的漫长恢复后，他再也没能回到他原本应有的高度上。

2008/2009 赛季，纽卡斯尔 15 年来首次降级，欧文与球队的合同也即将到期。四年，他在纽卡斯尔的出场次数还不到 80 场。2009 年夏天，欧文的经纪公司为他制作了长达 34 页的简历寻找新东家，这样的遭遇无法不令人唏嘘，还不满 30 岁的英格兰金童已经无人问津。

∧ 2006 年世界杯同瑞典队的小组赛，欧文开赛仅 4 分钟便严重受伤，他艰难爬出赛场接受治疗，这一幕让全世界的球迷感伤落泪。

∨ 2009 年 9 月 20 日，欧文在伤停补时的第 6 分钟奉献绝杀，曼联 4 比 3 险胜曼城，曼联球迷第一次真正接受了这个来自利物浦的金童。

然而事情突然有了戏剧性的转折，2009 年 7 月，欧文与曼联签订了一份两年的合同，他还被弗格森赋予了 7 号战袍。穿着这件红魔传奇的战袍，金童能复苏吗?

2009 年 9 月 20 日，一场荡气回肠的比赛在老特拉福德上演，这场曼彻斯特德比后来被评为英超 20 年的最佳比赛，曼联一度 3 比 1 领先，曼城则在第 90 分钟扳平了比分。伤停补时，曼城主帅休斯不断向第四官员投诉时间已到，然而，比赛的时钟不知不觉地走向了第 96 分钟。吉格斯妙传，没人盯防欧文，球进了，不可思议的进球！欧文绝杀！曼联 4 比 3 击败曼城。这个进球，让曼联球迷第一次真正接受了这个利物浦出来的金童！

在不长的红魔岁月中，这个镜头已如留声机般被反复回放，这也是欧文职业生涯末期最后的高峰。其他的日子里，欧文依然伤病不断，无法保持稳定的状态。

唯一的安慰是，他在 2010/2011 赛季第一次实现了自己的英超冠军梦想，这是曼联的第 19 座联赛奖杯，就此超越利物浦成为了英格兰顶级联赛夺冠次数最多的球队。高举金杯的欧文笑容依旧灿烂，却让默西河的另一端骂声不断，这个利物浦的金童从此与老东家彻底决裂。

三年的红魔生涯，成就了欧文最后的冠军梦，斯托克城则成为了欧文职业生涯的最后一站。33 岁，在英超完成 150 球大业，历史射手榜排名第 7，一段 16 年的漫长时光即将终结。

不知您是否感受到，当“小将欧文”的称呼还伴随着我们来不及改口的时候，再一眼望去，追风少年已成老将，而那些从横空出世到走下神坛的故事，却仿佛一夜间刚刚发生过。

最终，欧文在 2012/2013 赛季末宣布退役，没有轰轰烈烈的退役仪式，更没有冠军的相送，一切悄然而至。那个追风少年，曾经伴随你我的青春，曾经走过你我的时光，当青春不再，当时光匆匆，就让那往事随风……

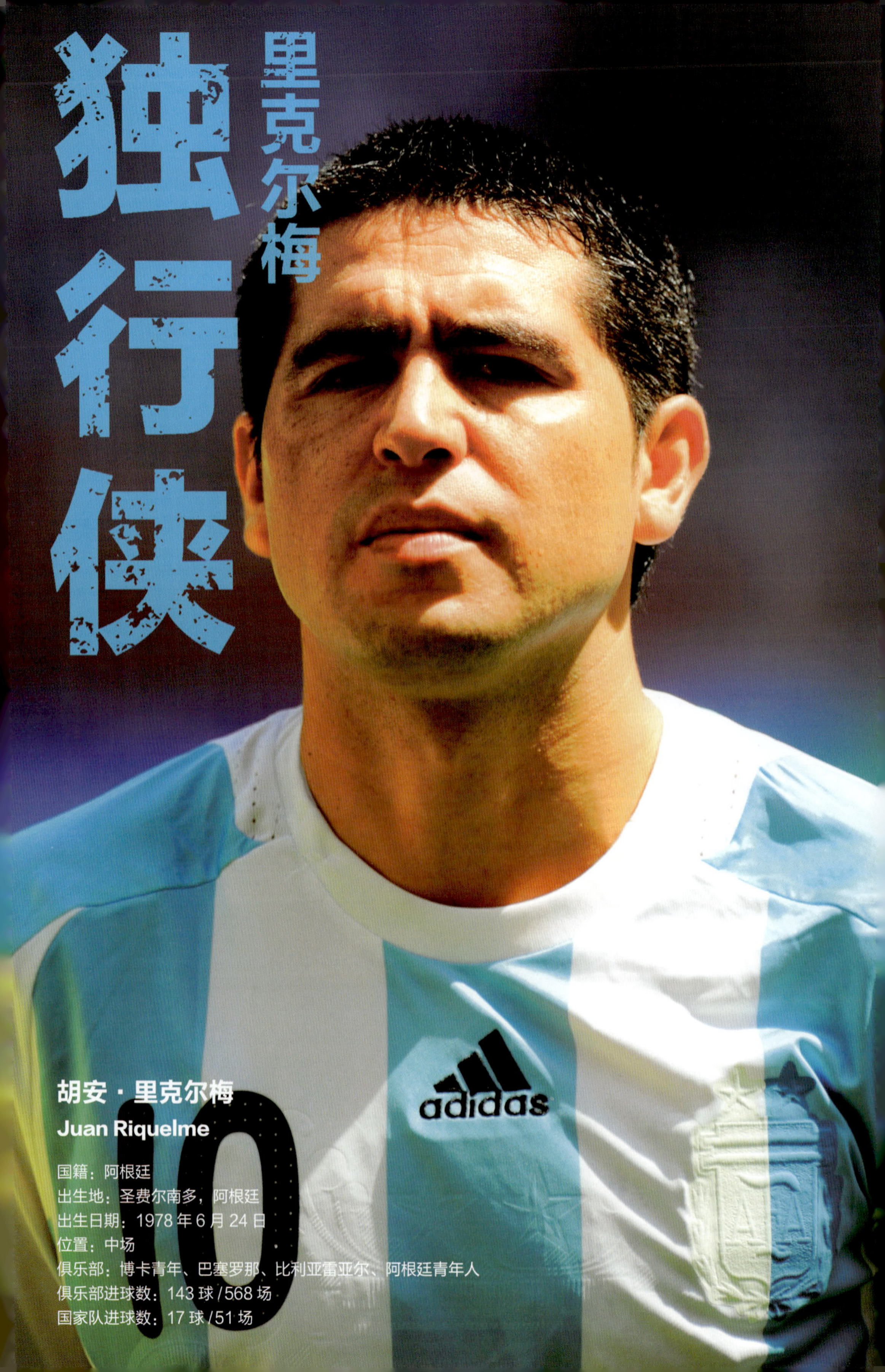

独行侠

里克尔梅

胡安·里克尔梅

Juan Riquelme

10

国籍：阿根廷
出生地：圣费尔南多，阿根廷
出生日期：1978 年 6 月 24 日
位置：中场
俱乐部：博卡青年、巴塞罗那、比利亚雷亚尔、阿根廷青年人
俱乐部进球数：143 球 / 568 场
国家队进球数：17 球 / 51 场

总有一首歌，能让你想起他

>>>

歌名：Miracles
歌手：Coldplay

在阿根廷布宜诺斯艾利斯近郊的圣费尔南多小镇，对于这里的孩子来说，他们的足球世界属于博卡青年，而马拉多纳就是他们足球道路上一直仰望的人。1996 年的里克尔梅是那些孩子中的佼佼者，18 岁的他从阿根廷青年人队加盟博卡青年，而一段足球场的艺术传奇也就此拉开了帷幕。

里克尔梅的足球才华深得博卡新帅比安奇的赏识，这位阿根廷老帅开始围绕他制定博卡青年全新的战术体系。那时候，年轻的里克尔梅已经显露出了古典气质，他没有那么锋利的气场，但是总能在谈笑之间，让对手的防线露出破绽。在他效力博卡青年的几年间，他为球队带来了三座联赛冠军和两座解放者杯冠军。22 岁，里克尔梅就已经征服了整个南美。

2000 年的丰田杯赛，博卡青年和皇家马德里在东京上演巅峰对决，里克尔梅从容地控制着足球，慢慢让银河战舰偏离了本来的航向。当对手失去方寸，里克尔梅两记传球瞬间撕开了皇马的防线，帮助队友两次得分，这个世纪末的球场魔术师在这一晚站在巨人的肩膀登顶世界。

如果说比安奇是里克尔梅在俱乐部的恩师，那么佩克尔曼就是他在国家队的领路人。在佩帅的眼中，里克尔梅并不是又一个马拉多纳或者又一个肯佩斯，他的独特让人心驰神往。夺得了 1997 年世青赛的冠军后，年轻的里克尔梅顺理成章地收到了来自国家队的召唤。然而，性格孤僻的里克尔梅始终无法融入蓝白军团，铁血主帅帕萨雷拉显然更喜欢灵动的奥特加、硬朗的贝隆，以及正值巅峰的巴蒂斯图塔。之后的主教练贝尔萨则更推崇强调身体接触的欧洲攻势足球，而球风偏软的里克尔梅在最应该为国征战的时候却成为了改革的牺牲品，无缘 2002 年世界杯。

在里克尔梅的记忆中，自己在 2002 年夏天穿上巴萨的战袍只有一个原因：他的偶像马拉多纳曾在这里缔造辉煌。不过，当时的主帅范加尔却没有给里克尔梅向偶像致敬的机会，他不喜欢里克尔梅闲庭信步的踢球方式，

▲ 2001 年 6 月 28 日，南美解放者杯决赛第二回合，博卡青年击败墨西哥蓝十字队夺冠。里克尔梅在博卡共效力 11 个赛季，先后三次捧起解放者杯。

2003 年 3 月 23 日，巴塞罗那 6 比 1 击败桑坦德竞技，里克尔梅在打进本队第二球之后，双手放到耳边倾听观众欢呼，这是他最常用的庆祝动作。

而不愿改变自己的里克尔梅很快成了诺坎普球场的边缘人。随着里杰卡尔德执掌帅位，巴西天才罗纳尔迪尼奥降临巴塞罗那，巴萨“梦二队”的新秩序最终迫使里克尔梅交出了 10 号球衣，也交出了在诺坎普的未来。上帝赋予了他令人艳羡的天赋，天才却注定要孤独行走。

也许比利亚雷亚尔缘定是里克尔梅足球生命中的重要驿站，这里没有诺坎普的疯狂，却恰恰给了里克尔梅享受足球的完美环境。正像他球衣背后印着的名字“罗曼”寓意着浪漫一样，浪漫古典的里克尔梅在比利亚雷亚尔的情歌球场弹奏了一曲浪漫的情歌。随着智利人佩莱格里尼执掌球队帅印，迭戈·弗兰、索林等南美球员也不断涌入，比利亚雷亚尔的南美体系逐渐确立，球风相近让里克尔梅的发挥越来越如鱼得水，他很快就找回了最好的自己，也赢得了这个城市所有球迷的拥戴。

在情歌球场的四个赛季，里克尔梅总计为比利亚雷亚尔出场 142 次，打进 45 粒进球，送出 59 次助攻。他驾驶着这艘黄色潜水艇在 2004/2005 赛季拿到了联赛季军，并在随后的赛季中打进欧冠四强，在成就了球队历史最好成绩的同时，里克尔梅似乎也找到了继续坚守的理由。尽管他的

∧ 2006 年 1 月 22 日，里克尔梅在同奥萨苏纳的联赛中独中两元，帮助黄色潜水艇 2 比 1 取胜。比利亚雷亚尔是里克尔梅足球生命中的重要驿站，他找回了最好的自己，也赢得了球迷的拥戴。

∨ 2007 年 10 月 13 日，阿根廷队在 2010 年世界杯预选赛中 2 比 0 击败智利，里克尔梅包揽两粒进球。由于同主教练马拉多纳的矛盾，里克尔梅早早退出国家队，没能参加南非世界杯。

球迷只有不足四万人，但他们把里克尔梅当作家人，亲切地称呼他的教名——罗米，那时的里克尔梅尽情地享受着这份简单的幸福。

在俱乐部满血复活的罗米在国家队也重获新生。恩师佩克尔曼的里克尔梅核心论在 2005 年联合会杯以及 2006 年世界杯预选赛中都得到了充分的肯定。对于那时的他来说，在 2006 年世界杯上获得承认或许是唯一的目标。

可以这样说，在 1/4 决赛之前，里克尔梅的发挥接近完美，每场比赛都在他的控制之中，没有多余的盘带，也没有夸张的炫技，每个动作干净洒脱，赏心悦目。当对手在轻歌曼舞间迷离了双眼，里克尔梅已经用最优雅的方式占得先机。然而，佩克尔曼在 1/4 决赛的一次换人改变了罗米的命运，当他无奈地看着克洛泽扳平比分，看着换下自己的坎比亚索罚失点球后泪流满面，谁能想到，那居然是里克尔梅留给世界杯的最后眼神。

尽管里克尔梅的大赛冠军梦在两年后的北京奥运会成为现实，但是和马拉多纳的矛盾让执拗的罗米毅然决然地告别了那件曾经让他魂牵梦绕的蓝白战袍，在 30 岁的当打之年就退出国家队，里克尔梅难掩悲情英雄的色彩。

几乎在他退出国家队的同时，里克尔梅结束了五年的隔海漂泊，回到了他始终牵挂的博卡青年，只有在这里，罗米才能尽情地享受，尽情地表达。于是，我们看到了一个用双脚绘制彩虹的行者，一个用心灵踢球的艺术大师。2010 年，里克尔梅曾经因伤缺阵，却将部分工资退还俱乐部，希望用来帮助更多的年轻球员。

在博卡两个阶段共 11 个赛季里，罗米出场 388 次，打进 89 粒进球，为球队拿到 5 次联赛冠军，3 次南美解放者杯冠军，1 次丰田杯冠军。也许这份荣誉簿中，勋章的成色略显平淡，但这就是里克尔梅的足球世界，不求功成名就荣誉满身，只愿坚持自我无愧于心。

从当年收到糖果盒的邀请，19 年光阴荏苒，而 19 年的蜿蜒旅程已经抵达终点。里克尔梅的 19 年是一副让人心旷神怡的佳作，好像广阔湖面上，只现那一叶扁舟，独自随波而动，却并不逐流而为。在职业足球错综复杂的环境中，他就如同一颗抛弃银河的恒星，独自发光，独自闪亮，他不在乎是否能赢得更多的欣赏，却有越来越多的人开始不断追随。

兰帕德

「神灯」长明

弗兰克·兰帕德

Frank Lampard

国籍：英国

出生地：伦敦，英国

出生日期：1978年6月20日

位置：中场

俱乐部：西汉姆联、斯旺西、切尔西、曼城、纽约城

俱乐部进球数：262球/891场

国家队进球数：29球/106场

总有一首歌，能让你想起他

>>>

歌名：Long Drive
歌手：Jason Mraz

这是一个离别的季节，当 2015/2016 赛季英超开始的时候，你会发现一下子少了很多熟悉的身影：德罗巴、范佩西、杰拉德、兰帕德。在他们曾经叱咤风云的日子里，英超群雄并起，那是英超最好的时代，一众巨星在光鲜的舞台上尽情展示，那时候谁又会想到，即将到来的离愁别绪会是怎样的一种感觉。

这种集体的告别最是令人怀念！在英超和各自俱乐部的史册上，他们都曾经是纪录的创造者，而有一项纪录恐怕很难被打破，那就是除门将之外 164 场的英超连续出场纪录，这项纪录由兰帕德创造。这意味着从 2001 年至 2005 年之间，超过四个赛季的英超比赛，兰帕德从未缺席过一场，他也因此得名——"铁人"。

兰帕德是在 2001 年他 23 岁那一年，以 1100 万英镑的身价加盟切尔西的，在这段连续出场的日子里，他在切尔西度过了不凡的岁月。2005 年 5 月，切尔西正是凭借兰帕德在博尔顿锐步球场的梅开二度，历史上第一次登上了英超的冠军宝座。穆里尼奥的坚强蓝军还创造了 95 分的英超历史最高分纪录，这一纪录同样至今无人打破。

切尔西在俱乐部百年盛典这一年，达到了历史的高峰，阿布的金元政策在光辉的英超历程中取得了初步的成功。而兰帕德实际上是阿布打造金元帝国之前就来到斯坦福桥的，他是西汉姆青训营的杰作，和卡里克、里奥·费迪南德、迪福、乔·科尔师出同门，他的父亲老弗兰克·兰帕德同样是西汉姆的历史著名球员，而他的舅舅更是大名鼎鼎，那便是曾在西汉姆培养出数位巨星的英超名帅哈里·雷德克纳普。出自足球世家的兰帕德很好地继承了家族的基因，成为了英格兰足坛又一位冉冉升起的巨星。

2006 年，切尔西轻松卫冕英超冠军，兰帕德在这连续两个成功的赛季中，分别在各项赛事中为切尔西打进 19 球和 20 球，堪称英超最强大的攻

∧ 2005年3月8日，切尔西在欧冠1/8决赛第二回合4比2击败巴塞罗那，兰帕德打进一球。赛后，兰帕德同主帅穆里尼奥并肩庆祝。

∨ 2010年南非，兰帕德成为了世界杯历史上最大冤案的牺牲品，对战德国的1/8决赛，他的精彩吊射已越过门线，但却被裁判无视。

击型中场。由于自己的姓氏拼写“Lampard”和英文中“灯（Lamp）”的单词有些相似，因此兰帕德开始得名“神灯”，照耀着蓝军一路前行实现梦想。兰帕德也是另一项纪录的创造者，他在 2003 年到 2013 年之间连续十个赛季英超进球上双，这是英超所有中场球员中唯一能做到这一点的，这项数据极好地佐证了兰帕德超凡的攻击能力。

时任英格兰主帅埃里克森恰是看中了这一点，在他的执教期间对兰帕德委以重任。2004 年欧洲杯是兰帕德参加的第一届大赛，他以三个进球成为英格兰的最佳射手，也入围了赛事最佳阵容。那是一个美妙的开端，让人们可以无限畅想，拥有巅峰期“双德”的英格兰队会在 2006 年世界杯上有所作为。然而，从埃里克森时代起，“双德”并存的问题就一直困扰着英格兰队的历任主帅，麦克拉伦、卡佩罗、霍奇森，他们几乎尝遍了所有可能，却都没能将“双德”的问题真正解决。在 2006 年世界杯上，刚刚在前一年获得欧洲和世界足球先生双料亚军的兰帕德没能打出自己的水准，在和杰拉德首度联手的世界杯上，他们两个在对阵葡萄牙的点球大战中先后失手，英格兰队折戟八强，“双德”在那届世界杯上的表现更是双双受到了质疑。

兰帕德的三狮军团岁月始终与悲情相伴。四年后在南非，他本应打开自己的世界杯进球账户，1/8 决赛遭遇宿敌德国，兰帕德在球队 1 比 2 落后的局面下，打进一记精彩的吊射，皮球越过门将诺伊尔，已在球门线内明显得分，然而这个球却最终成为了世界杯历史上最大的冤案之一，乌拉圭裁判组认为此球未进，导致英格兰队大败而归。这个严重的误判促成了巴西世界杯上门线技术的启用，但时间终究不可逆转，判罚终究无法改变，兰帕德的第二届世界杯之旅再度铩羽而归，自己的世界杯进球数字也永远停留在零这个尴尬的数字上。

与国家队的悲情不同，兰帕德的俱乐部生涯一直与奖杯为伴，他在切尔西三夺英超奖杯的历程中扮演着重要的角色，在欧洲冠军杯赛场上同样为蓝军带来了突破。在切尔西 2008 年首次参加的欧冠决赛中，兰帕德关键进球帮助切尔西扳平比分，点球大战他们也几乎登顶，只是特里的最后

< 2011/2012 赛季，切尔西队终于历史上第一次获得欧洲冠军杯，兰帕德的蓝军生涯几乎达到了完美。

∨ 2014 年巴西世界杯，在同哥斯达黎加队的最后一场小组赛之后，"双德"留下两个苍凉背影，两人先后宣布正式退出英格兰队。

一罚不中让他们与突破历史失之交臂。

但仅仅四年后，在不被看好的局面下，切尔西在拜仁的主场依靠点球大战成功登顶，夺取了俱乐部历史上的第一座欧冠奖杯，兰帕德的蓝军生涯几乎达到了完美。在切尔西 13 年，兰帕德作为一名中场球员，以 211 球的成绩超越坦布林，成为了切尔西俱乐部的历史最佳射手，他还是所有中场球员中唯一一位英超进球数超过 150 的球员。这些光辉的数据摆在那里，在斯坦福桥的荣誉室中恐怕很难被打破。

然而在 2014 年，兰帕德意外地结束了自己 13 年的蓝军生涯，与俱乐部解约的他远走美国大联盟。就在人们以为这位英超的“神灯”即将告别英伦赛场时，他又租借回到了曼城，并在第一次与老东家切尔西的直接对话中打进扳平比分的进球。那一球兰帕德没有庆祝，而是选择了在赛后与自己的老友一一拥抱，穆里尼奥的脸色有些难堪，他已经意识到，这位 36 岁的英超铁人依然可以在英超赛场上有所作为。

同一年，兰帕德的三狮军团岁月也宣告终结，在巴西世界杯与哥斯达黎加的比赛之后，“双德”留下两个苍凉背影，兰帕德在三届世界杯上 40 次射门无一进球，成为了自己在世界杯赛场上的最大遗憾。但 15 年 106 次出场 29 粒进球的成绩也足以为他的三狮岁月留下痕迹。悲壮三狮，为老将送行，当所有后来者们继续为英格兰足球的荣誉而执着向前的时候，不知他们是否会想起那对跨越十年的“双德”组合?

离别的笙箫终于在 2015 年的夏天正式吹响，从此，远走美国的兰帕德与皮尔洛、比利亚并肩作战，他们远离欧洲的主战场，期盼能在职业生涯的末期继续享受足球的快乐。但那里的足球，真的能给他们带来快乐吗?至少英超的球迷依然唏嘘不已，因为新赛季开始的时候，那个曾在这里长明十余年的英超“神灯”终于熄灭了他的光芒。

K神无双

克洛泽

米洛斯拉夫·克洛泽

Miroslav Klose

国籍：德国
出生地：奥波莱，波兰
出生日期：1978年6月9日
位置：前锋
俱乐部：迪德尔科普夫、洪堡、凯泽斯劳滕、不来梅、拜仁慕尼黑、拉齐奥
俱乐部进球数：221球/567场
国家队进球数：71球/137场

总有一首歌，能让你想起他

>>>

歌名：Here with Me
歌手：The Killers

2014年巴西世界杯半决赛，米内罗竞技场的计时器来到第57分钟，克洛泽缓缓走下赛场，字幕牌打出，在他的名字前多了一行描述：世界杯历史第一射手。面对自己创造的传奇，坐在替补席上的克洛泽如此平静，却接受着来自全世界球迷的敬意，包括评论席上的前纪录拥有者“外星人”罗纳尔多。

为什么传奇会眷顾克洛泽？那不如问为什么是克洛泽创造了传奇。或许他没有罗纳尔多那样的过人天赋，但他的职业生涯履历告诉了人们，什么叫作天道酬勤。

克洛泽可算得上大器晚成，19岁的时候，他还在代表一支第七级别联赛的球队踢球，直到两年后的1999年，他才进入凯泽斯劳滕俱乐部，这是他职业生涯的一个大飞跃。不过，那时的他完全不敢想象有朝一日能步入巨星之列，他甚至不知道自己的球员之路会何去何从。

不到半年，得到雷哈格尔赏识的克洛泽终于有机会在德甲赛场一试身手，并且不到一个赛季就打出了名堂。当他被德国队主教练沃勒尔招进国家队的时候，已将满23岁。那时的德国足球处在近20年的最低谷，欧洲杯折戟小组赛，人才断档严重，克洛泽就这样进入了德国足球改革计划的初步名单。

2001年3月24日，克洛泽在对阵阿尔巴尼亚的世界杯预选赛中临危受命，替补出场并且打进关键的绝杀，那标志性的克氏空翻第一次出现在世界足坛，他的国家队首秀堪称完美，从而一跃成为了德国队锋线上的主力人选。从凯泽斯劳滕的德甲新人到即将踏上世界杯赛场，克洛泽成长的速度让人吃惊。

2002年，札幌世界杯球场，克洛泽的世界杯首秀对阵沙特，他用3粒头球上演帽子戏法，克氏空翻也首次在世界杯赛场上亮相。尽管那时他依然不为大多数人所知，中国球迷还称呼他为“克劳斯”。虽然那辆德国战车一路开进决赛，但最终不敌巴西，倒在了距离金杯最近的地方，克洛泽打进 5 粒头球，获封新的“金色轰炸机”。成名于 2002 年世界杯的那一年，他 24 岁，就此悄悄地拉开了自己在国家队的传奇序幕。

2004 年的夏天，刚刚从欧洲杯上失落而归的克洛泽加盟新科德甲冠军不来梅。虽然那时外界不断有声音质疑他只会头球，遇强则弱，昙花一现，但克洛泽选择默默承受不做辩解，只用一个个进球丰满自己的羽翼。2005/2006 赛季，克洛泽联赛打入 25 球，揽获德甲金靴的同时，也抢回了国家队锋线的头把交椅。

2006 年世界杯，对主场作战的德国队来说，是一段夏天的童话，而说克洛泽是这段童话的主人公并不为过。他打进 5 球荣膺金靴，其中小组赛的 4 粒进球无一例外全部用脚打进，这与四年前人们印象中那个只会头球的克洛泽大相径庭，也让曾经的所有质疑瞬间消散。1/4 决赛对阵阿根廷，当他头球救主，全体德国球迷已经把他奉为神明，也获得了中国球迷送给他的绰号“K 神”。

对德国球员来说，能够被德甲班霸拜仁慕尼黑相中挖角加盟似乎是另一种方式的认可。2007 年夏天，克洛泽加盟拜仁，和意大利人托尼组成著名的“克洛尼”组合。在拜仁的 4 年，克洛泽出场 150 次，贡献了 53 粒进球 27 次助攻，帮助球队夺得 6 个冠军。

对于外界的褒奖，克洛泽保持着一颗平常心，继续扮演着一个职业球员的普通角色。在这个功利主义至上的环境中，克洛泽依然选择尊重事实、公平竞争。在不来梅效力期间，他曾经在杀入禁区后被对方门将扑倒，裁判判罚点球，但克洛泽立刻对裁判解释，对方先碰到了球，这不应该是个犯规。裁判根据克洛泽的描述收回了判罚，这种尊重规则放弃进球的情况在他效力拉齐奥期间也发生过一次。这就是克洛泽的自律，也正是这种自律让他恪守着职业球员的操守。离开球场，他也只是坐在河边钓鱼或者回家养花，这样的自律让他在 36 岁的年纪还能奔跑在世界杯的赛场。

一段传奇的铸就需要经历蛰伏。2008 年阿尔卑斯山脚下，克洛泽和德

∧ 2002年世界杯小组赛，德国8比0狂胜沙特，克洛泽上演头球帽子戏法，克氏空翻首次亮相世界杯赛场。

> 2007/2008赛季，克洛泽在拜仁慕尼黑获得了自己的首个联赛冠军。颁奖典礼之后，范博梅尔给克洛泽来了一个香槟浴。

∧ 2010 年世界杯首场小组赛，德国队 4 比 0 击败澳大利亚，克洛泽打进球队第二球。那届世界杯，克洛泽表现依然不俗，但无奈西班牙王朝的统治力太过强大。

< 历史性时刻！2014 年 7 月 8 日，世界杯半决赛，克洛泽打入一球，从而超越罗纳尔多，以 16 球荣膺世界杯历史第一射手。

∨ 夺冠之后，德国队更衣室内，克洛泽与德国总理默克尔和自己的两个儿子合影纪念，这是传奇最完美的收场。

劳内杯擦肩而过；2010年的伯纳乌，他没能帮助拜仁力挽狂澜，错失了自己职业生涯最后一次夺得欧洲冠军杯的机会。也是那个夏天的南非，克洛泽纵然再次打进4球，但难耐西班牙王朝的统治力太过强大。

从南非赛场归来，不再年轻的克洛泽已渐渐走向职业生涯的尾声，他为了保证出场时间，来到了蓝鹰拉齐奥。意甲赛场上，克洛泽依旧状态上佳，2012/2013赛季主场对阵博洛尼亚，不老的K神甚至上演过独中五元的好戏。但是，克式空翻却几乎绝迹江湖，每逢进球，克洛泽只是单手指天，朴素而简单，当被问及为何不再做空翻庆祝时，克洛泽的回答看似平淡无常，但却掷地有声："我当然还能空翻，但是我年纪大了，不想再冒险，我需要保持健康，去巴西踢世界杯。"

桑巴大地，光彩异常，当克洛泽在对阵加纳的比赛中再次亮剑，比分追平，他兑现了一段迟来的诺言，克氏空翻重现江湖。这一刻瞬间让人泪流满面，仿佛带我们回到了12年前，依稀看到札幌球场那个青涩的少年；米洛斯拉夫·克洛泽，那如梦似幻的克氏空翻穿越了多少人的青春轮回。

半决赛，当德国巴西在12年后再度相逢，当年的22名首发球员只有克洛泽一人仍在场上。第23分钟，克洛泽世界杯个人的第16粒进球在万众期待中到来，36岁的K神，在罗纳尔多的注视下完成了一段传奇般的超越。

当决战的终场落幕，克洛泽可以释怀，身披了13年的战袍，在马拉卡纳的夜空下尽情拥抱金杯，这就是传奇最完美的收场。36岁，带着荣耀离开，德国队历史最佳射手，世界杯历史最佳射手，还有一项神奇的纪录——只要克洛泽破门，德国队就保持不败。

最初低调的梦想，却在不知不觉间成就了一个无法替代的克洛泽。K神的职业履历是一本黑白墨迹打印的书刊，没有那么多冠军来点缀绚烂的彩页，但如果细细品味每一页，似乎都闪动着不一样的光点。

36岁的K神平静地创造纪录，我们仿佛又想起了凯泽斯劳滕那个谦逊的年轻人。对于他不必过多称赞，因为这个世界上，顶尖的前锋有很多，而克洛泽，却只有一个。

亨利 谁与争锋

蒂埃里·亨利

Thierry Henry

国籍：法国

出生地：巴黎，法国

出生日期：1977年8月17日

位置：前锋

俱乐部：摩纳哥、尤文图斯、阿森纳、巴塞罗那、纽约红牛

俱乐部进球数：360球/792场

国家队进球数：51球/123场

总有一首歌，能让你想起他

>>>

歌名：Behind Blue Eyes
歌手：Limp Bizkit

当时光的列车缓缓驶过酋长球场，32 岁的亨利就坐在那里，深情的目光望过去，都是自己 22 岁的影子。

还是那辆列车，随着时光送走了匆匆过客，静静开往另一片大陆。33 岁的亨利就坐在那里，深情的目光望过去，依稀浮现着自己 25 岁的模样。

远方的期许固然美好，而列车短暂的停留更好像岁月的美丽回眸。当时光奏出回家的天籁，35 岁的亨利就坐在那里，深情的目光望过去，勾勒出自己 29 岁的动人画面。

渐行渐远的车辙，默默带走了属于四座城市的喧嚣，却指引着一路跟随的人们去追寻那段逝去的时光。当岁月含泪悄悄转身，37 岁的亨利就坐在那里，深情的目光望过去，试图回到原点，那个出发的站台，记起自己背起行囊时，17 岁的样子。

那时的亨利初出茅庐，摩纳哥锋线上的“双子星座”交相辉映，亨利与特雷泽盖，这对天生的搭档不仅在摩纳哥，更在未来数年内引领了法国队的进攻风暴。他们在 21 岁时就登上了世界杯冠军的宝座，这在大多数球员的职业生涯中还只是一个遥不可及的梦想。他们在 23 岁时又成为欧洲冠军，国家队生涯的大满贯就这么真实地发生了。法国足球在世纪之交成为了全世界的焦点，他们迅速达到了辉煌的顶点。

1999 年 8 月 3 日，即将 22 岁的亨利第一次走进了海布里球场，当年在摩纳哥的恩师温格微笑地迎接他。在尤文图斯半年不成功的经历后，亨利的到来更像是温格为接替阿内尔卡而做出的一次赌博。而正是这次赌博，却从此在海布里厚重的历史中翻开了一页神奇的篇章。

亨利用了八场比赛才打进自己的阿森纳处子球，但这艰难的起步最终只是他传奇枪手生涯的一个小插曲罢了。那个年代的英超赛场，阿森纳与曼联双雄争霸。2000 年 10 月，海布里一个阳光灿烂的日子，只见亨利轻巧地将球一挑，转身抽射，皮球划着高高的弧线，越过他的同胞巴特斯的头顶，应声入网。那是亨利职业生涯的最佳进球之一，从此高悬着，改变着英超的历史。

当枪手与红魔再度相逢时，亨利也再次戏耍了自己的好友巴特斯。他进球后的回眸一望，成为了英超史上的经典镜头。巴特斯两次送上大礼，亨利两次笑纳，影响英超赛季的分水岭一战，就以这样最令人意想不到的方式分出了胜局。阿森纳登上了 2001/2002 赛季英超的冠军宝座，他们终结了曼联的英超三连冠，亨利斩获联赛最佳射手，温格麾下一支以法国军团为主体、阵容齐整的阿森纳队拉开了他们在未来统治英超的序幕。

2002 年 11 月，在硝烟弥漫的北伦敦德比中，亨利长途奔袭 90 米，连过数人攻陷热刺的防线，打进了一个风驰电掣般的进球，亨利在海布里的草皮上激情滑跪，这一庆祝动作，如今已被塑成雕像，永远矗立在酋长球场前，它代表着亨利在枪手的峥嵘岁月，任凭时光飞逝，每一个前来枪手圣殿的球迷们永远都会朝拜于此。

在那时巅峰的岁月里，亨利得名“海布里快车”，并驾驶着这列快车驶向冠军的终点。2003/2004 赛季，历史会永远记载枪手完成的又一个神迹——26 胜 12 平，他们以不败战绩夺冠，成为英超历史上第一支也是唯一一支整赛季保持不败的球队。不久后，阿森纳又将不败纪录增至 49 场，超越了 26 年前诺丁汉森林留下的尘封纪录，更给后来者们竖起了一座难以企及的丰碑。英超最佳球员、英超最佳射手、世界足球先生三甲，这一系列的个人荣誉，也记载着亨利在阿森纳的风云岁月中最闪亮的故事。

但对枪王之王来说，最大的遗憾莫过于始终与欧冠奖杯缘悭一面。2005/2006 赛季，亨利曾经距离这一梦想只差一步，但是，在大雨中的法兰西大球场，亨利的欧冠冠军梦被巴萨“梦二队”淹灭。

还是回到伦敦吧！从伦敦的市中心，乘上地铁，不过十几分钟的车程，你就能到达著名的海布里球场，百余年来，这趟通往海布里的列车送走代代过客。而在 2006 年 5 月 7 日这一天，列车即将送走的过客，正是拥有 93 年历史的枪手圣殿——海布里。队长亨利，率领全队最后一次踏上这片草坪，这最后一战中，亨利上演帽子戏法，作为与海布里球场的临别赠礼。

∧ 1998 年世界杯，21 岁的亨利首次参加大赛便登上了世界杯冠军宝座，这在大多数球员的职业生涯中还只是一个遥不可及的梦想。

> 2004 年 3 月 28 日，英超焦点战，阿森纳主场 1 比 1 战平曼联，亨利为阿森纳进球之后激情庆祝。

∨ 2004 年 2 月 1 日，亨利在攻破曼城门将大卫·詹姆斯球门之后滑跪庆祝，这是他最著名的庆祝方式。那个赛季，阿森纳以不败战绩夺冠。

他俯下身去，亲吻草皮，海布里的最后一吻，是亨利带给这座球场的最后致意。从此，在阿森纳俱乐部的辉煌史册中，留下这样一行字，得以永恒记载——“海布里，1913—2006”。

一年之后，亨利脱下了穿满8年的14号战袍，正式告别了自己的枪手生涯。又过三年，当他随巴塞罗那重回故地，看台上的横幅清晰无比：“亨利，欢迎回家！”替补席上的亨利望向那道横幅，目光久久没有离去，他没有落泪，却满眼回忆。

32岁的亨利就坐在那里，深情的目光望过去，都是自己22岁的影子。

369场比赛，226个进球，枪挑红魔留下永恒经典，北伦敦德比的硝烟却还依旧弥漫，4座英超金靴，两座英超奖杯，49场不败，历史最佳射手，海布里的最后一战，海布里的最后一吻。当烟花升起的时刻，那个曾属于亨利的海布里国王时代不会随年华逝去，而只会在年华的飘零中被常常记起。

去往巴塞罗那，为冠军而来！

< 2006年5月7日，阿森纳送走了拥有93年历史的圣殿海布里，亨利上演帽子戏法。海布里的最后一吻，是枪王之王带给这座球场的最后致意。

∧ 2009 年 5 月 27 日，巴萨击败曼联夺得冠军杯，亨利终于完成了欧冠梦想，实现了职业生涯的大满贯。

2009 年，巴塞罗那开辟了一个史无前例的六冠王朝，亨利也正式完成了自己职业生涯的大满贯。33 岁的亨利，用 3 个赛季，49 个进球和 7 座冠军奖杯，献给自己的红蓝岁月。虽然这段日子不算太长，却记载着亨利圆梦的时刻。站在最高领奖台上，他已在心里默默地告别，告别后会无期的巴萨岁月，告别无憾无悔的欧陆生涯。

是时候离开中心舞台了。不仅在俱乐部，也在国家队。高卢军团十三载光阴，记录着亨利法兰西登顶时的年少轻狂，鹿特丹称霸时的风华正茂，联合会杯金球绝杀时的真情流露，对巴西一剑封喉时的沉稳内敛，以及最后的，在南非挥手告别时的无力回天。英雄谢幕，从少年走到中年。

远赴纽约的日子里，亨利没有留下太多的痕迹，只有那一粒粒神奇的进球依然在提醒着人们，亨利并未老去。在那四年间，亨利又短暂回到过阿森纳，在同利兹联的足总杯中进球后，那一刻仿佛时光倒流，亨利忘情

▲ 2012年1月9日，重回阿森纳的亨利在同利兹联队的足总杯赛中攻入绝杀进球，那一刻仿佛时光倒流，亨利忘情地飞奔庆祝，与温格激情相拥，就好像从来不曾离开过。

地飞奔庆祝，与温格激情相拥，就好像从来不曾离开过，由他演绎的枪手故事始终没有终结。酋长球场外，亨利的雕像永远目光炯炯地注视着前方。“一日枪手，终生枪手”，正是那时候亨利留给自己的内心独白。告别传奇的他，终将回到原点。

在时光的隧道里，总有一个瞬间，让你分不清自己是32岁还是22岁；总有一次相遇，让你无悔倾尽所有的过往；总有一幕场景，让你以为青春真的可以重新来过；总有一次回首，让你怎么也看不清自己年轻的模样。

但走出时光的隧道，你终于豁然开朗。你感激它，给了你五段精彩纷呈的足球旅程，给了你一生都无法割舍的枪手情缘，你还可以陪伴，以另一种姿态，却以同一种情怀。

时间的尽头，不是旅程的终点；从海布里驶出的快车，回到原点，还将重新起程。

劳尔 指环王

劳尔·冈萨雷斯

Raul Gonzalez

国籍：西班牙
出生地：马德里，西班牙
出生日期：1977 年 6 月 27 日
位置：前锋
俱乐部：皇家马德里、沙尔克 04、萨德、纽约宇宙
俱乐部进球数：386 球 /928 场
国家队进球数：44 球 /102 场

总有一首歌，能让你想起他

>>>

歌名：Greatest Day
歌手：Take That

纷繁的足球世界，还有几个人能被称为王子？焦点下的伯纳乌，往来最伟大的足坛巨星，也只有一个王子——劳尔·冈萨雷斯。

他是伯纳乌的真正主人，即使某一天他决定离家远行，伯纳乌也是他永远的城堡。他是皇家马德里的唯一旗帜，即使被岁月风霜侵蚀，旗帜永远不倒。他已将白色植入骨髓，即使他身上的战袍改变了颜色，也永远不变白衣飘飘的情怀。他已将 16 年的记忆与信念连接在一起，风云变幻，信念沉于心底再也不能抹去。

伯纳乌的欢呼声似乎还在耳边回响，那个出生在马德里南部的孩子，只是因为同一座城市里另一家球会马德里竞技青训营解散，才叩响了皇马的大门，就如同最珍贵的宝藏被赠予他人，他终于夺目，却情归他处。

如果说第一次站上欧洲之巅只是因为皇家马德里太过强大，那么，那之后的所有荣誉都有劳尔·冈萨雷斯无穷尽的参与。当他第一次在诺坎普做出天不怕地不怕的闭嘴手势，新的王者已经在白衣球迷的心中诞生。

2000 年冠军杯决赛，是劳尔顶着干扰奔袭 50 米，面对门将的出击，用最聪明的进球方式锁定胜局。2001 年，24 岁的劳尔用金靴助推皇家马德里问鼎西甲冠军。2002 年，他又一次用欧冠决赛场上的进球为皇马打开胜利之门。那一年，我们看到了一个站在舞台中央，挥舞着斗篷大跳斗牛舞的西班牙斗牛士，我们也已经习惯看到一个帅气逼人的射手在进球后低头亲吻无名指上的结婚戒指。他们都是劳尔·冈萨雷斯。

劳尔帮助皇家马德里取得了近二十年来最伟大的成就，他们在六年内三捧欧洲冠军杯，两夺西甲冠军，连欧洲超级杯和丰田杯也抱入怀中。劳尔个人两夺西甲金靴，两次在欧冠射手榜上称王。这是劳尔最快乐的时光。

但时光总是奇妙，它带给人们青春、快乐，带给人们责任、担当，也夺走了那份心底的纯粹。

∧ 1999 年 10 月 13 日，万众瞩目的国家德比在诺坎普上演，终场前 4 分钟，劳尔为 1 比 2 落后的皇马将比分扳平，进球后的他冲巴萨球迷做出闭嘴的手势。那一年，劳尔只有 22 岁。

∨ 2004/2005 赛季西甲第 31 轮，皇马和巴萨在伯纳乌上演了一场经典的国家德比。劳尔在同普约尔争抢时眉骨被撞开，他浴血奋战，带伤打进一球，皇马最终 4 比 2 取胜。

2003 年，当劳尔正式接过队长的袖标，他却失去了一个射手的纯粹。伯纳乌已经被改造成一艘银河战舰，菲戈、齐达内、罗纳尔多和贝克汉姆共同分享着这艘豪华战舰的荣光。但 4.2 亿欧元总身价的巨星们，和皇马连续三年与任何冠军无缘的现状放在一起就像一出讽刺的小品。

伯纳乌的新队长依然带着最初的信念，带领皇马走出泥潭，向一个又一个冠军发起冲击。他的信念就是像马尔蒂尼之于 AC 米兰，托尼·亚当斯之于阿森纳，卡恩之于拜仁一样，在白色的伯纳乌结束自己的职业生涯。

国家德比的战场留下过他浴血奋战的感人场面，也带给过他职业生涯最严重的伤病。他接受了一次次变换场上的位置，他送走了第一代银河战舰，又迎来了第二代银河战舰，他没有改变自己的信念，但是时间带走了他最后的尊严。33 岁的劳尔还像 17 岁初登西甲赛场的他一样对进球充满渴望，但是他失去了上场踢球的机会。

劳尔与皇马告别的那天是

▲ 2001/2002 赛季欧冠决赛，或许很多球迷印象最深的是齐达内的那脚凌空抽射，但劳尔同样是皇马夺冠的头号功臣，他开场只有 9 分钟便攻破了勒沃库森的大门，亲吻戒指的庆祝动作让劳尔得名“指环王”。

舍瓦其谁

舍甫琴科

安德烈·舍甫琴科

Andriy Shevchenko

国籍：乌克兰

出生地：德维基夫辛那，苏联

出生日期：1976 年 9 月 29 日

位置：前锋

俱乐部：基辅迪纳摩、AC 米兰、切尔西

俱乐部进球数：321 球 /648 场

国家队进球数：48 球 /111 场

总有一首歌，能让你想起他

>>>

歌名：What Do You Got?

歌手：Bon Jovi

意大利电视台曾经造访过舍甫琴科的出生地，那是距离乌克兰首都基辅130公里的一个村庄。村里的人都知道，那栋蓝白相间的房子曾是舍甫琴科的家，村里的孩子们穿着红黑色的米兰球衣，背后印着“7号舍甫琴科”。

记者们还拜访了舍甫琴科开始足球学习的基辅迪纳摩体育学校，醒目的米兰球衣挂在学校的荣誉室里，和孩子们赢得的大大小小的奖杯放在一起。球衣是舍甫琴科亲手送给学校的礼物。

舍甫琴科，是这个村庄的骄傲，这所学校的骄傲，更是这座城市的骄傲，这个国家的骄傲。尽管他离家十年，把最好的时光留在了异乡，但他同样为乌克兰奉献了自己的一切。羸弱的乌克兰足球无法承托舍瓦的荣光，舍瓦却可以为她成就荣耀。这就是游子与故乡的不舍情缘。

那一天，1997年11月5日，诺坎普的聚光灯第一次没有照向他们的当家球星路易斯·菲戈和里瓦尔多，而是被21岁的舍甫琴科吸引了所有的光芒，他在上半场就完成帽子戏法，帮助基辅迪纳摩客场4比0大胜巴塞罗那。也正是从那一天开始，基辅球迷知道，他们已经很难再留住自己俱乐部历史上最罕见的足球天才了。一年后，当舍甫琴科在欧冠赛场又三次敲开皇家马德里的大门时，基辅球迷怀着复杂的心情送别了他们的孩子。

洛巴诺夫斯基球场固然激情四溢，但它无法与那座始终闪耀着烟花、纸屑如雪花般飞舞的圣西罗球场相比，意大利有些遥远，但它与舍甫琴科的梦想无限接近。

1999年正值AC米兰俱乐部的百年华诞。在红黑军团一百年的历史上，还从来没有一个外籍球员在自己的处子赛季就能成为意甲联赛的最佳射手，舍甫琴科用24粒联赛进球做到了。在多个赛季引援不利的诟病中，加利亚尼终于为圣西罗带来了一枚威力十足的“核弹头”。

更让红黑球迷畅快淋漓的是，这枚乌克兰“核弹头”是同城死敌国际

▲ 2002/2003 赛季欧冠决赛，AC 米兰同尤文图斯上演意大利德比，在点球决战中，舍甫琴科罚中制胜点球，与门将迪达激情庆祝。

米兰的头号克星。他的到来结束了红黑军团连续六年不胜死敌的窘境，也正是他的到来，导演了米兰德比史上最悬殊的一场 6 比 0 大胜。在最美妙的 2002/2003 赛季，正是踏着蓝黑军团的伤悲，红黑军团挺进冠军杯决赛。

点球大战很残忍，但它是决定冠军归属的唯一方式。老特拉福德的静默里，西多夫罚丢了点球，卡拉泽罚丢了点球。但是 AC 米兰门将迪达扑出了对方的三粒点球。最后一个出场的舍甫琴科成为了冠军归属的决定者。

这是 AC 米兰历史上的第六座冠军杯奖杯，却是乌克兰第一次与欧冠金杯的触碰。谁能读懂他忘情的泪水？谁能理解他深深的渴望？谁能读懂他的那句“一个乌克兰人永远不可能赢得世界杯，冠军杯就是我的世界杯”？

将欧冠奖杯带到恩师的雕像前，是一段足球史上的佳话。欧冠冠军是乌克兰足球教父洛巴诺夫斯基终其一生都未能实现的梦想，他在因心脏病逝世一年后，爱徒终以金杯告慰恩师。他的泪水，他的渴望，终有出处。

欧洲金球奖承载了恩师的又一个夙愿。而那个所有乌克兰人的夙愿呢？那个乌克兰足球无限梦想却从未触及过的世界杯舞台终于在 2006 年向他们

∧ 在 AC 米兰，舍甫琴科、因扎吉和卡卡组成颜值最高的三人组合。2005/2006 赛季欧冠 1/4 决赛第二回合，AC 米兰主场 3 比 1 击败里昂，舍甫琴科攻入一球，因扎吉梅开二度。

∧ 2006 年 11 月 8 日，联赛杯第 4 轮，切尔西主场 4 比 0 击败阿斯顿维拉，舍甫琴科进球后与切尔西球迷击掌庆祝。

∨ 2012 年欧洲杯同瑞典队的小组赛，舍甫琴科独中两元帮助乌克兰队 2 比 1 取胜，让整个乌克兰陷入狂欢。

张开了怀抱。舍甫琴科奋斗了 12 年，1998 年，乌克兰战斗到预选赛附加赛，被克罗地亚队无情淘汰。2002 年，再次战至附加赛，却遭遇强大的德国队。而 2006 年，他们终以小组第一的身份梦想成真。舍甫琴科无比羡慕他的亚平宁伙伴们，他们把大力神杯带回了意大利。乌克兰不可能赢得世界杯，但他们赢得了不逊于冠军的掌声、尊重和世界杯八强的历史最高荣誉。

世界杯冠军无法驱散“电话门”对意大利足坛的影响，圣西罗南看台的挽留也无法改变舍甫琴科的出走。舍甫琴科没能兑现复仇伊斯坦布尔的诺言，当曾经的队友彻底摧毁红军利物浦的抵抗，享受复仇的快意，第七次将欧洲冠军杯的奖杯带回米兰城的时候，舍甫琴科正在伦敦城苦苦煎熬。他饱受伤病的困扰，更饱受世人的质疑。蓝军挺进 2007/2008 赛季欧冠决赛，这个舞台上曾经最优秀的演员彻底沦为观众。

当他带着英雄没落的悲凉感返回米兰城的时候，南看台已经不见了印有他头像的旗帜。他说这是回家的感觉，但他的家不再温暖。他的 7 号球衣早有归属，他穿上了 76 号，一个与他生日年份相同的数字，却再也不负 7 号之勇。只有基辅迪纳摩还可以用温暖唤回他，他不再是米兰城的英雄，但他永远是乌克兰的英雄。

即使是 2010 年世界杯预选赛，乌克兰第三次落败附加赛，第三次无缘世界杯时，黄衫球迷依然感谢他们永远的偶像安德烈·舍甫琴科；即使当他为失去最后一次征战世界杯的机会像个孩子一样在滂沱大雨中痛哭失声时，黄衫球迷依然拍着他的肩膀，告诉他，他已经为他们付出了一切。

舍甫琴科把自己退役的时间选定在 2012 年，选定在乌克兰足球会被永远铭记的 2012 年夏天，他的祖国以欧洲杯东道主的身份受到万众瞩目，他用两粒进球让乌克兰陷入狂欢。在最后一次为国出战后安静离场，这是舍甫琴科为自己设定的告别仪式。

很多人直到今天仍在感叹，如果舍甫琴科从来没有离开过米兰会怎样？如果舍甫琴科在米兰城结束职业生涯会怎样？

舍甫琴科自己说，人生没有如果，他不会为自己的选择后悔。他说他的职业生涯已经足够完美，因为缺憾也是一种完美。

托蒂 从王子到永恒

弗朗西斯科·托蒂

Francesco Totti

国籍：意大利

出生地：罗马，意大利

出生日期：1976 年 9 月 27 日

位置：影子前锋

俱乐部：罗马

俱乐部进球数：300 球 /746 场

国家队进球数：9 球 /58 场

总有一首歌，能让你想起他

>>>

歌名：When You Say Nothing at All
歌手：Alison Krauss

从罗马城的翩翩少年到奥林匹克球场的王者，从他踏上球场的那一刻起，就注定成为人们关注的焦点，他就像是古罗马帝国中勇敢俊美的王子。闪耀的王冠已经无法作为他存在的注脚，对于一座城市，一支球队，他的意义远远超过一个巨星、一个队长、一个领袖。

年少成名贯穿着托蒂职业生涯的初期，16 岁亮相意甲联赛，17 岁打进第一个意甲进球，20 岁获得欧青赛冠军，22 岁获得意甲最佳年轻球员奖，在无数同龄人中，托蒂的足球天赋和领袖气质让他脱颖而出。

只是，球场上的光彩让人们忘记了他对足球特殊的挚爱，因为足球改变了他儿时内向、腼腆的性格，或许一个个进球只让人记住了他的风光，却忽视了少年时期的托蒂也许并不是最具有天才的球员，却是训练中最认真的一个。

老帅马佐尼的悉心调教，让这个曾经将朱塞佩·贾尼尼的海报挂满卧室墙壁的孩子走向成熟。对于城市和球队的热爱，让他在 20 岁崭露头角的时候，就开始一次次拒绝其他更负盛名的欧洲豪门的邀请，托蒂不会将“忠诚”的字眼挂在嘴边，但是从那时起，这两个字已经写在他的心底，打下了一段二十余年的烙印。

托蒂不是人们眼中纯粹的射手，在俱乐部站稳脚跟的前几年里，中场和边锋的位置上都曾经有他的身影。泽曼的到来让托蒂的攻击力得到了释放，他把象征球队核心的 10 号球衣交给了托蒂。从那时开始，球迷将曾经属于贾尼尼的绰号送给了他们的新宠，托蒂终于成为了真正的“罗马王子”，他也用 30 个进球回报着泽曼的知遇之恩。

2000 年欧洲杯，托蒂的勺子点球铸就了半决赛中的经典，决赛中的脚后跟传球让意大利一度触碰奖杯的边缘，却在最后时刻功亏一篑。那时的他意气风发，却拒绝了来自各路豪门的邀约。帮助罗马戴上王冠，是王子对这座城市的诺言。

▲ 2000 年欧洲杯 1/4 决赛，托蒂首开纪录，帮助意大利队 2 比 0 淘汰罗马尼亚闯入四强。

2001 年，这个梦想终于实现，有了巴蒂斯图塔的帮助，罗马在 3 比 1 击败帕尔马后夺得意甲冠军。被兴奋的球迷扒掉球裤的托蒂依然笑容灿烂，胜利的歌声围绕着这座古老的城市，斗兽场前，罗马王子戴上了那顶期待多年的联赛桂冠。

2002 年世界杯和 2004 年欧洲杯时，托蒂和蓝衣军团所有人都经历了不愿回首的梦魇。在大田世界杯体育场，满腔愤慨的他转过身去，不愿再看那张不可理喻的红牌；面对丹麦球员鲍尔森，正值气盛的他在对手百般小动作纠缠下吐出了令自己后悔不已的口水，再次黯然离场。但无论怎样，他依旧是罗马队和意大利的绝对前场核心。

2006 年世界杯预选赛，托蒂与皮尔洛的双核让蓝衣军团无可匹敌，但他却在严重的脚踝伤病下休战数月。那是一个在医生看来，即使是年轻人也要休养半年的重伤，托蒂却用顽强的意志在三个月后就重回赛场，成就了一个所有人眼中的奇迹。

德国世界杯的赛场上，对阵澳大利亚队的最后时刻，他眼神中的坚毅击败了沉稳的施瓦泽，打进令人疯狂的点球绝杀。柏林奥林匹克球场，随

2001 年 6 月 17 日，意甲最后一轮，托蒂为罗马先拔头筹之后脱衣庆祝。罗马最终 3 比 1 击败帕尔马，斗兽场前，王子戴上了那顶期待多年的联赛桂冠。

着《意大利之夏》的歌声响起，升腾的焰火使托蒂的另一个梦想成为了现实，缤纷的色彩把球场照耀得如同童话世界，在激昂的乐曲声中，即使双手真实地触碰到金杯，在那一刻，也会使人仿佛置身梦境。

球场上的托蒂有过无数梦幻般的表演，长途奔袭单骑闯关，小角度凌空抽射，各种“勺子”破门更成为了他的标志，乃至提到这种射门方式，人们会自然而然地想到托蒂。就在这拉力赛般的一个个进球中，早已过而立之年的托蒂也在一天天老去，却依旧带领着罗马在逆境与顺境中前进，意大利国家队也在后托蒂时代，始终无法找到一个最为合适的继任者。

永恒之城讲述着托蒂的不老神话，罗马俱乐部的各个纪录被他一一打破，从出场到进球。但当托蒂在罗马德比破门，成为这刀刀见血的德比赛场历史射手王之后，他依旧像二十多年来的每一次德比进球一样，用令人想象不到的方式释放着红色的情怀，令追随者疯狂，令对手咬牙切齿。

联赛和世界杯冠军之后，欧冠成为了托蒂唯一的、却也是最难实现的梦想。2009 年，希望能在主场登上欧冠决赛舞台的托蒂带着重伤出战枪手，罗马队还是在点球大战后含恨。

柏林奥林匹克球场，升腾的焰火使托蒂的另一个梦想成为了现实，即使双手真实地触碰到大力神杯，那一刻，也会让人仿佛身处梦境。

2011 年 3 月 13 日，托蒂独中两元，帮助罗马队 2 比 0 击败同城死敌拉齐奥。每一次德比进球，托蒂都会用令人想象不到的方式释放着红色的情怀。

不过，托蒂的欧冠之梦还在继续。面对曼城，他成为了欧冠赛场上年龄最大的进球者，随后，他又自己打破了这个纪录。年近四十，他依旧是人们心中的罗马王子。王子雄心犹在，梦想不死，即便他的名字在罗马城的足球历史上早已成为永恒。

也许你很难说清托蒂到底是怎样的人。

他是强悍的，大力的抽射力拔千钧；他是细腻的，精巧的吊射宛如月光一样划过头顶；

他是好斗的，取胜之后他会做出令对手难以接受的讽刺手势；他又是柔情的，进球之后他会用温馨的方式与爱人分享喜悦；

他是脆弱的，伤病让他一次次远离赛场；他是坚强的，为了一个遥远的梦想，他会带着关节固定装置与对手浴血拼杀到最后一刻；

他不缺少拥戴，因为他是罗马城集万千宠爱于一身的王子；他又是孤独的，因为他知道这支球队很难给他带来超级豪门的荣耀和骄傲；

但即便如此，托蒂依旧将自己职业生涯的最后阶段毫无保留地献给了罗马，在这座永恒之城写下一段没有尽头的王子传奇。

巴拉克 战车之魂

米夏埃尔·巴拉克

Michael Ballack

国籍：德国
出生地：格尔利茨，民主德国
出生日期：1976 年 9 月 26 日
位置：中场
俱乐部：开姆尼茨、凯泽斯劳滕、勒沃库森、拜仁慕尼黑、切尔西
俱乐部进球数：148 球 /604 场
国家队进球数：42 球 /98 场

总有一首歌，能让你想起他

>>>

歌名：You're the Inspiration
歌手：Chicago

如果按照德语发音，他的名字该被叫作米夏埃尔·巴拉克，而不是迈克尔·巴拉克。在《圣经》记载中，米夏埃尔是上帝身边天使的统帅，肩负对抗仇敌的重任。这样的宿命像极了巴拉克，驾驭着德意志的战车，抗争、战斗，同自己的命运一并，抗争，战斗，从始，至终。

1997 年是那份抗争的开始，21 岁的巴拉克穿越整个德国，从德国东部来到西部，从第三级别联赛来到德甲。这个爱看电影、喜欢烹饪的男孩儿告别家乡格尔利茨，头上戴着写有“看，那个东德男孩儿”字样的帽子，一别就是 15 年。

这是什么样的 15 年？如果说它悲情，为什么伴随了大大小小 14 个冠军头衔？如果说它成功，为什么它与更多的冠军擦肩而过？如果说它平凡，为什么它见证了 15 年世界足坛的所有大事小情？如果说它辉煌，为什么它总是浸染繁华背后的哀叹？但它就是这样的 15 年，悲情、成功、平凡、辉煌，宿命的交织是上帝对米夏埃尔的考验。

德甲历史上永不磨灭的凯泽斯劳滕神话，巴拉克就是亲历者。勒沃库森最悲壮的赛季，最后一刻将联赛冠军拱手相让，巴拉克也是亲历者。年度“四亚王”的错落遗憾，巴拉克还是亲历者。他亲历着一次又一次擦肩而过，也亲历了最好的凯泽斯劳滕，最好的勒沃库森和越来越好的自己，从默默无闻到德国足球先生，他是此时德国最好的中场。

但那不是属于德国足球最好的时代。巴拉克几乎是那架老迈战车中唯一的青春风暴。面对年轻一代还未成熟的困境，巴拉克扛起德国足球的大旗艰难前行。

2002 年世界杯的亚军之喜，正是因为巴拉克和卡恩；2002 年世界杯的亚军之悲，也正是因为巴拉克和卡恩。2004 年夏天，当克林斯曼走马上任，巴拉克接过卡恩的队长袖标，这位困难时期德国足球的守护神终于实

∧ 2001/2002 赛季欧冠决赛，勒沃库森 1 比 2 不敌皇家马德里，巴拉克同冠军奖杯擦肩而过。

< 2003 年 5 月 17 日，巴拉克高举联赛冠军的沙拉盘。继 1998 年随凯泽斯劳滕夺冠之后，他终于再次站到了最高领奖台上。

∨ 2002 年世界杯半决赛，巴拉克攻入制胜一球，帮助德国队 1 比 0 淘汰东道主韩国队闯入决赛。只可惜，他因战术犯规吃到黄牌，从而因累积黄牌停赛错过了同巴西队的决赛。

至名归。

2006 年世界杯是德国足球走向复兴的开始。蛰伏多年的德意志战车重新启程，拉姆、施魏因施泰格、波多尔斯基的崛起点燃了德国队在本土夺冠的信心。这是巴拉克职业生涯中最好的机会，只是夏天的童话里没有德意志队长高举大力神杯的壮阔篇章。

情归拜仁慕尼黑不需要理由，对冠军的渴望胜过一切。当久违的沙拉盘被巴拉克高高举过头顶，他久久不愿离手。冠军如此真实，又如此梦幻，只因等它太久。烟花冲上天空，美丽绽放，却快速散尽。尽管这是拜仁三巨头口中最强大的拜仁慕尼黑，但他们也不得不接受它连续四年无缘欧冠四强的尴尬处境，在国际大赛的舞台上，巴拉克依然缺失冠军。

出走切尔西并不能弥补他的遗憾，欧冠金杯的魅影蛊惑人心却如同幻景，倒映在莫斯科卢日尼基体育场的雨夜中，化成泪水。那不是巴拉克的泪水，却是铮铮铁汉特里的悔恨。

当蓝军将士卷土再来，强大的巴萨宇宙战队也不得不接受俯首称臣之命，然而，却是一个叫作赫宁的裁判阻挡了一场几乎到手的胜利。他有多么不甘心，才留下了那个疯狂怒吼、几近狰狞的面容。米夏，究竟错过了多少个冠军，又错过了多少个夏天?

2008 年夏天，血洒赛场的巴拉克是他为意志战车留下的最后记忆，眉骨撞裂的米夏用尽气力却逃不过命运的安排，映衬在斗牛军团战无不胜的背景下，再也没有续篇。

收获英格兰足总杯冠军的代价是对南非世界杯的告别，博阿滕的飞铲断送了德意志队长最后的梦想，崭新的日耳曼战车已经强大无比，年轻的拉姆成长为新战车的领袖，更年轻的穆勒承载了 13 号的荣誉。那个跳动的数字在距离国家队百场仅一步之遥的 98 场处戛然停止，在低谷徘徊了近十年之久成为了德国国家队永远的历史，陪伴它走出低谷的人也成为了历史。

这是所有人都无法逃脱的命运，再伟大的英雄也抵不过岁月的侵蚀。当拄着双拐的巴拉克只渴望一份两年合约时，切尔西俱乐部只肯留给他一

∧ 2009 年 5 月 6 日，斯坦福桥，巴拉克疯狂怒吼着向主裁判赫宁索要点球，切尔西一场几乎到手的胜利被扼杀。

∨ 2008 年欧洲杯小组赛，巴拉克任意球破门，德国 1 比 0 击败奥地利。

年期限。

无奈的巴拉克以自由身回到了自己的成名地勒沃库森，却只能看着激情的下一代在他成名的球场表演，那个内心无比坚强的米夏已经无法从主教练的眼中再看到期待。在两年合约到期后，强硬的巴拉克没有与球队续约。

只有真正看过他踢球的人，才会懂得他离开的理由。当美国与澳洲球队的名字传入人们的耳中时，懂他的人知道，当一支球队无法承载那个强大的、始终战斗着的巴拉克的梦想，那么他宁愿选择离开。

米夏漂泊了 15 年，以 35 岁的年纪宣布退役。他经历了四家顶级俱乐部，却没有一站对他是完美的。生活本不完美，但我们还是感叹，巴拉克的缺失太多了。

他不缺少冠军，但他收获的远不及他失去的；他不缺少尊重，但他本应得到更多。他始终饱含战斗的激情，但幸运的光环只肯照耀他的背影。他用强大的意志力带动身边的每个人，却带不来一个应有的结局，这就是他让我们隐隐心痛的原因。

他在黑暗中带来希望，却在光明到来时转身离去。直到最后，这个带给我们无数次激情瞬间的男人，都没有带给自己一次像样的告别。但他却永远留在了我们的记忆中，因为不完美，因为遗憾，也因为缺失，更因为不放弃，因为强大的意志力，因为他是上帝身边的米夏埃尔——战斗就是他的使命。

传奇 罗纳尔多

罗纳尔多

Ronaldo

国籍：巴西
出生地：里约热内卢，巴西
出生日期：1976 年 9 月 18 日
位置：前锋
俱乐部：克鲁塞罗、埃因霍温、巴塞罗那、国际米兰、
皇家马德里、AC 米兰、科林蒂安
俱乐部进球数：352 球 /518 场
国家队进球数：62 球 /98 场

总有一首歌，能让你想起他

>>>

歌名：Perfect
歌手：Alexandra Burke

岁月，你别催，该来的我不推。岁月，你别催，走远的仍要追。

2011 年的那个情人节，全世界的足球迷们告别了自己的足球情人——罗纳尔多。那个曾经横空出世的巴西少年，在 34 岁的年纪结束了自己的足球生涯。当不得不说再见的时候，挥别的那一刻就如同流水的光阴，谁能抵得过？谁又能奈何？

犹记得 1994 年的夏天，映衬在大力神杯光环下的 17 岁少年，那是罗纳尔多初尝胜利的味道。虽然从未登场，但世界杯冠军的荣誉照耀着他早期的足球生涯。

还是在 1994 年，罗纳尔多在埃因霍温开启了欧战的序幕，球迷们开始

1996 年 9 月 12 日，欧洲优胜者杯第一轮首回合，巴塞罗那主场 2 比 0 击败塞浦路斯的拉纳卡 AEK 队，罗纳尔多包办两记进球。

▲ 1999 年 10 月 23 日，罗纳尔多在米兰德比中罚中点球，"展翅飞翔" 是巅峰时期罗纳尔多最常采用的庆祝动作。

认识了长着一对兔牙的罗纳尔多，那是他梦开始的地方。

1996 年，巴塞罗那以 1950 万美元的当时世界第一身价，与 19 岁的罗纳尔多签约成功，那成为了他漫长足球生涯的重要转折点。时至今日，他在巴塞罗那对阵孔波斯特拉比赛中的那个进球，依然被人们铭记。横空出世的罗纳尔多，长途奔袭连过四人，那个非凡的进球让他一夜成名。当时，见多识广的巴萨主帅博比·罗布森留下了一句名言："他，简直就是个外星人！""外星人"罗纳尔多的称号不胫而走，并一直沿用至今。

1996 年的世界足球先生，让 20 岁的罗纳尔多初登个人荣誉之巅，这个最年轻的得奖者纪录至今依然归于罗纳尔多名下，1997 年他成功卫冕这一殊荣，并且荣膺欧洲金球奖。同样是 1997 年，带着天才少年的无限荣光，"外星人"登陆有着"小世界杯"之称的亚平宁赛场。

然而，国际米兰的蓝黑岁月，既记载了罗纳尔多的辉煌，也始终存留

∧ 1997/1998赛季欧洲联盟杯决赛，罗纳尔多用标志性的钟摆动作晃晕拉齐奥门将马切吉亚尼，轻松推射空门得手。国际米兰最终3比0击败拉齐奥夺冠。

∨ 2000年4月12日，意大利杯决赛第一回合，国际米兰主场迎战拉齐奥。在因伤缺阵4个多月之后，罗纳尔多重返赛场，然而，刚刚上场5分钟，他在做一个钟摆过人动作时再次重伤。

着他伤心的回忆。在 1998 年联盟杯的决赛场上，罗纳尔多钟摆式过人晃晕蓝鹰门将马切吉亚尼后破门，成为了一道靓丽的风景。队友莫雷罗为他仔细地擦拭着球鞋，这个动作，连同这个进球一起，留在了世界足球的经典瞬间中。只是，在那一刻没人会想到，这是他在蓝黑军团的第一座也是最后一座冠军奖杯。

但是，罗纳尔多标志性的钟摆过人动作在成就他的同时，也给他的膝盖带来了巨大的负荷。正是膝伤，成为了罗纳尔多蓝黑生涯中的最大敌人。2000 年 4 月 12 日同拉齐奥的意大利杯决赛首回合，因伤休战四个多月的罗纳尔多终于回归，但是，刚刚上场 5 分钟，他在做一个钟摆过人动作时再次痛苦倒地。那一刻，令无数罗尼球迷心伤欲碎。连续的伤病，连续的缺席，复出后的再次倒下，让人们等待了太久。

在远离赛场长达一个多赛季之后，2001/2002 赛季，“外星人”终于再次重回绿茵，那也是他距离联赛冠军最近的一个赛季。联赛最后一轮客场对阵拉齐奥，冠军梦想只差一步就能成为现实，但 2 比 4 的比分宣告梦想还是破碎了。被换下场的“外星人”掩面而泣，泪水淹没在了库珀和队友们的木然眼神中，淹没在罗马奥林匹克球场如潮的欢呼中。那是罗纳尔多足球生涯中最著名的泪水，那不仅宣告着与意甲冠军无缘，更宣告着国际米兰岁月的终结。从此，蓝黑色成为了罗纳尔多生命中的历史，留下的是一座奖杯，一份遗憾，一脸泪水，一身伤病。

但也正是在那一年，2002 年世界杯的舞台上，却见证了一个最强的“外星人”回归赛场。回想四年前，大红大紫的罗纳尔多备受瞩目，就连他那美丽的女友苏珊娜也成了场外的焦点。罗纳尔多率领巴西队一路闯关，却最终倒在了谜题一般的决赛面前。

四年间，从男孩到男人的转变，是任何人成长中的必经之路。留着可爱的阿福头，带着“三 R 组合”的风光，八个进球，七战全胜，五星巴西，荣誉达成。世界又一次被他踩在脚下，三次世界足球先生的荣誉在当年无人能敌。

一届真正属于自己的世界杯之后，巨星云集的伯纳乌成为了罗纳尔多

∧ 1998 年世界杯决赛，罗纳尔多发挥失常形同梦游，这成了世界杯史上的一大谜团。

∧ 2002 年世界杯，罗纳尔多王者归来，五星巴西七战功成。这是一届属于罗纳尔多的世界杯，8 粒进球荣膺金靴，决赛更是包揽两球。

的下一个驿站。那是巨星璀璨的银河战舰一代，主席弗洛伦蒂诺网罗了一众天皇巨星，国家德比的繁华盛景始终令人怀念。罗纳尔多那独特的擦汗庆祝方式极具浪漫色彩，这不仅仅是献给他的情人，因为只有足球才是他永远的情人。

2003 年，是否还记得老特拉福德的梦幻剧场？那个惊人的帽子戏法造就了一个人的舞台，在起立鼓掌的人群中，曼联球迷山呼海啸，那一刻，有着全世界球迷对于传奇归来的不朽膜拜。

忽然之间，有一个时候人们说罗纳尔多胖了，开始叫他“肥罗”，而随着小罗、C 罗的先后冒出，在球迷中有了“谁才是真正的罗纳尔多”的争论。但是，真正的罗纳尔多始终只有一个。2006 年，那唯一的罗纳尔多再度爆发，复刻版的钟摆式过人晃开加纳队的防线，当皮球应声入网的那一刻，世界杯历史上的一座丰碑就此呈现，15 个进球的成绩让世界杯历史第一射手的称号从此伴随。

但世界杯曾经是罗纳尔多的起点，如今，却也在光阴的折磨中走向终点。八年后，当在家乡亲眼目睹克洛泽打破自己的进球纪录，早已退役的罗纳尔多却已经释然，毕竟那段纪录保持了八年，一直记载着世界杯赛场上的一段“外星人”的神话。

职业生涯的末年，有人说：“欢迎‘外星人’回归地球”。是的，罗纳尔多不再是那个意气风发的少年，发福的身体和略显迟缓的脚步，让人们唏嘘于这段岁月的回响。那时，已显沧桑的身影却再度出现在米兰德比的舞台上，只是改换了颜色，但你依然风光。一脚远射石破天惊，打破的不仅仅是旧主的防线，更是一道岁月的城墙，穿越在其中的人们便可以加倍回味，“外星人”回归地球后最后的辉煌。

接下来又是伤病，再度的倒下，这也让他回家的道路一度变得遥远崎岖。就在这个时候，弗拉门戈对他敞开了大门，在这里他逐渐又找回了足球的快乐。为了重回赛场，罗纳尔多结束了十四年的欧洲漂泊，落叶归根。这十四年，始终与冠军杯无缘的命运成为了他最大的遗憾。

此后的罗纳尔多，渐渐淡出人们的视线，但那些偶尔传来的进球的消

∧ 2005 年 1 月 16 日，皇马在伯纳乌 3 比 1 击败萨拉戈萨，罗纳尔多用独特的擦汗方式庆祝自己的进球，他左手手腕上，刺有当时女友达妮埃拉的名字。

∨ 2007 年 3 月 11 日，身披红黑战袍的罗纳尔多在米兰德比打进一球，进球后的他把双手放在耳后，以回击国际米兰球迷对他的嘘声和谩骂。

息，依旧令我们兴奋不已，我们可以体会他攀上球场护栏时的那份狂喜，也可以体会他带领球队胜利时的那份满足。足球生涯的最后一站，从科林蒂安重拾的信心，一度给了罗纳尔多继续的理由。然而事与愿违，2010 年，重披桑巴军团战袍的愿望随着又一次伤病而落空，这也意味着他与世界杯的永远告别。

直到 2011 年 2 月 14 日，情人节。曾经参加过无数次新闻发布会的罗纳尔多，却从未如此动情，泪水从他的眼里悄然滑落，那是一个中年男人对即将逝去时光的留恋。曾经是志在四方的天才少年，转眼望去，青春却早已随时光的奔涌而一去不返，那些喜悦，那些遗憾，我们曾陪着他一起感受，也曾和他回忆那些缤纷的碎片。

当罗纳尔多最后举起那件他钟爱的 9 号球衣，上面的字样已不再是他的名字，而是永远的“现象”。他最后一次转身离去，留下的是一个难以复制的传奇。

二十年，人生能有几个二十年？生活就像一把无情的刻刀，改变了你的模样，改变了岁月，改变了江湖，改变了往事，改变了时光。不曾改变的，唯有留存球迷心中那永恒的信念——世上只有一个罗纳尔多！

禁区之王

范尼斯特鲁伊

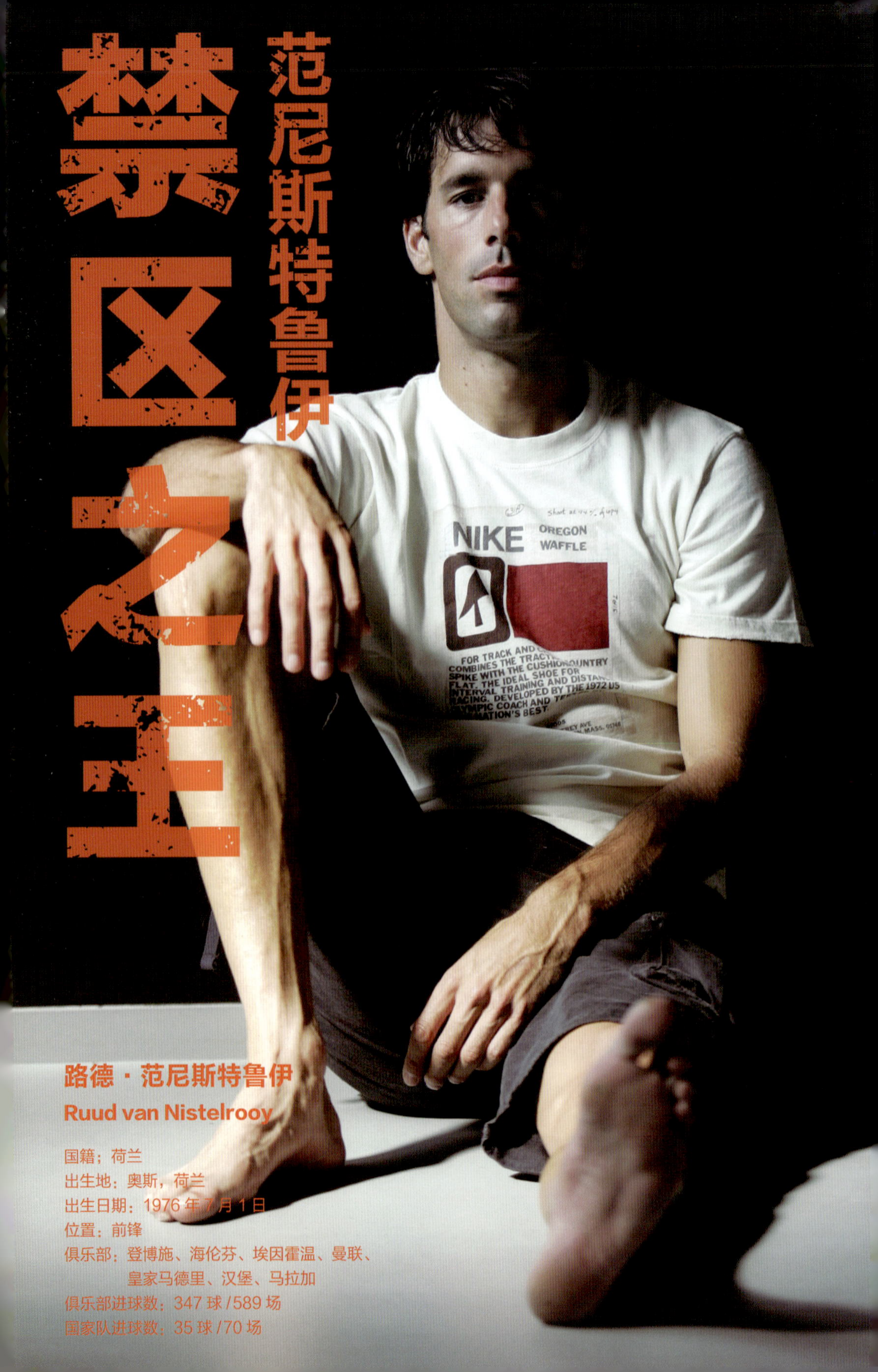

路德·范尼斯特鲁伊

Ruud van Nistelrooy

国籍：荷兰

出生地：奥斯，荷兰

出生日期：1976 年 7 月 1 日

位置：前锋

俱乐部：登博施、海伦芬、埃因霍温、曼联、
皇家马德里、汉堡、马拉加

俱乐部进球数：347 球 /589 场

国家队进球数：35 球 /70 场

总有一首歌，能让你想起他

>>>

曲名：Short Trip Home
演奏者：Joshua Bell & Edgar Meyer

恐怕没有太多人会把伟大这样的赞誉送给朴实无华的范尼斯特鲁伊，因为这个词语太过宏大，它听上去更像是留给贝利、马拉多纳们的华丽修饰。当然，深爱范尼的人们也不会计较足球历史对于这位“禁区之王”究竟如何评价，因为在他们的心里，拥有一段与范尼共度的足球年华已经是一份上天给予的完美礼物。

1976年7月1日，在荷兰足球历史上，这是一个诞生巨星的日子，范尼与克鲁伊维特同年同月同日生。比起年少成名的克鲁伊维特，范尼则是典型的大器晚成。当19岁的克鲁伊维特绝杀AC米兰捧得欧洲冠军杯的时候，范尼还在荷兰乙级联赛的登博施队踢中场。

直到21岁生日那天，范尼才转会加盟了荷甲球队海伦芬，在这家盛产优秀前锋的俱乐部，范尼也开始走上人生发展的快车道。仅仅一年之后，当又一个生日来临，来自荷甲豪门埃因霍温的一纸合同成为了范尼22岁那年最好的生日礼物。在埃因霍温，范尼收获了荷甲金靴、荷甲冠军，收获了来自荷兰足球的一片赞誉。

如此范尼自然逃不过豪门的眼睛，2000年，老爵爷曾拿着一纸合约亲赴埃因霍温想要签约范尼，但荷兰人意外的十字韧带断裂却让他错过了这次机遇。但正所谓好事多磨，在将近一年的养伤期间，来自弗格森爵士的问候与关怀打动了范尼，这位厚积薄发的荷兰前锋也终于在2001年以1900万英镑的天价加盟曼联，25岁的范尼终于开启了他的豪门生涯。

曼联的五年时光在范尼的职业生涯中无疑占据着重要地位，那也是他25岁到30岁的最好年华。在加盟红魔的第一个赛季，范尼就用无可挑剔的表现征服了梦剧场的球迷，他32场比赛打入23球。老特拉福德逆转富勒姆，白鹿巷球场逆转热刺，足总杯赛场逆转维拉，范尼用一个个的进球导演着一出出不可思议的大逆转。

在那个时代，曼联、阿森纳双雄争霸，范尼、亨利双星闪耀。进球，阻挡不住的进球，相同相似的进球方式，也使得范尼在江湖上得名“禁区之王”。在禁区那片只属于他的领地里，他没有丝毫退让。那是一段燃情的岁月，范尼则是禁区内的王者。

2002/2003 赛季，无疑是范尼职业生涯最为辉煌的一个赛季，他单赛季攻入 44 球，距离曼联传奇丹尼斯·劳的 46 球纪录咫尺之遥。那个赛季，曼联在一度落后阿森纳达 8 分的局面下，开始在范尼的带领下上演超级逆袭。

2003 年 3 月 22 日的老特拉福德是真正只属于一个人的舞台，创球场上座纪录的 67700 名观众，见证了范尼职业生涯中最精彩的一个进球。“禁区之王”以非典型的单骑闯关完成了现场解说员口中那“天才的一击”，富勒姆成为了范尼职业生涯最佳进球的陪衬。

那个赛季，在事关英超夺冠的最后 8 轮比赛中，范尼场场进球，并且两次上演帽子戏法，成为了曼联反超阿森纳夺冠的头号功臣。他也得以在这个赛季超越亨利，成为了英超的最佳射手。

可是，那个赛季却也是范尼红魔生涯的最高点。随后的三个赛季，尽管范尼依旧高效，但 5 个赛季 150 个进球的数据依然难以阻止他的离开。最后时刻与 C 罗的矛盾惹怒了弗格森，使他重复了那些昔日巨星的下场。

在 2006 年的夏天，范尼以 1500 万欧元的价格出走皇马。你可以说这是老特拉福德结束了一个时代，也可以说是结束了一段情缘。多年以后，范尼依然对自己职业生涯最成功的五年感到怀念，但也有痛苦，因为那是一个没有告别的出走。心还在，情已逝。

可无论时光如何变换，范尼总不会让人失望，皇马时代的范尼依然是不可阻挡的禁区之王。在来到伯纳乌的第一个赛季，范尼就用 25 个联赛进球为皇马捧回了四年未见的西甲桂冠，他也成为了西甲联赛的最佳射手。由此，范尼也成了世界上第一个在荷甲、英超以及西甲都斩获金靴的传奇前锋。

第二个赛季，尽管伤病让范尼只出席了 24 场比赛，但 16 球的不俗表现依然不辱禁区之王的美名。已到 32 岁的范尼连续第二个赛季捧得西甲冠军奖杯，而这也是他在俱乐部生涯中最后的辉煌。

∧ 2001 年 5 月 6 日，埃因霍温队举行了荷甲联赛冠军颁奖典礼，站在球场中央的范尼斯特鲁尼有些怅然若失。这个夏天，他将告别埃因霍温，前往曼联。

> 2004 年 10 月 24 日，曼联主场 2 比 0 力克阿森纳，范尼进球后仰天长啸，阿森纳队 49 场英超不败战绩戛然而止。

∨ 2003 年 3 月 22 日，"禁区之王" 以非典型的单骑闯关完成天才一击，富勒姆成为了范尼职业生涯最佳进球的陪衬。

∧ 2007 年 5 月 26 日，皇马主场 3 比 1 击败拉科鲁尼亚，范尼进球之后与贝克汉姆共同庆祝。在那个赛季皇马争冠的最后几轮关键比赛中，范尼连续 7 轮贡献 10 粒进球，是皇马最终夺冠的首功之臣。

∨ 2006 年世界杯小组赛，荷兰队 2 比 1 击败科特迪瓦，范尼攻入了自己在世界杯决赛圈的唯一进球。

因为严重的膝伤，范尼在皇马的后期只能在病榻上度过。但当范尼与伯纳乌挥手告别，那里的球迷却没有忘记他。离开的那一刻，范尼享受到了全场七万名皇马球迷的起立鼓掌，就连在曼联时期与范尼结怨的C罗也向这位曾经的老大哥竖起大拇指。

而在比赛结束后，皇马南看台的球迷甚至希望范尼可以再次走上球场，否则他们便不会退场。得到公认挑剔的皇马球迷的如此礼遇，范尼所用的时间是四年。告别皇马，不为别的，只是为了可以完成自己心中那个橙色的世界杯梦想，那个梦想之地在南非。

可是，转会汉堡并没有为范尼换来一张代表荷兰国家队飞往南非的机票，他的世界杯梦想依然只能停留在2006年那苍白的270分钟时间里。那个对阵科特迪瓦时的进球，是范尼留给世界杯唯一的痕迹。在范尼杀手的天空下，仅有一抹属于世界杯的残阳，对于一位天生的射手而言，这无疑是最残酷的纪念。没有人能忘记他2006年与世界杯说再见的身影，一件白色的衣裳，一个落寞的侧影，一个再也没有范尼的世界杯。

对于范尼真正的橙色记忆，我们只能通过欧洲杯的足迹去追寻。2004年，范尼用一脚精彩的门前横身扫射打开了他国际大赛的进球账户，4粒进球也让他成为了当届杯赛的银靴，但葡萄牙人却没有让他看到触摸德劳内杯的希望。2008年，范尼与范巴斯滕冰释前嫌，但却在老乡希丁克率领的俄罗斯面前折戟沉沙。

橙色，对于范尼，永远是个悲情的色彩。可是，当2012年，范尼要在马拉加和他的职业生涯说再见的时候，你不会再记起曾经的悲凉，而是让泪水去温暖了那昔日的苍茫。

岁月，是一座永远不能冲破的围墙。在围墙之内，再坚强的人也都会任由时光的吞噬，渐渐老去。范尼也走向了和他的同龄人大体相同的终点。

范尼近20年的职业生涯，每一个亲眼目睹的人，都会为你讲述一段他的故事。那里有初出茅庐的埃因霍温记忆，有威风八面的老特拉福德时代，伯纳乌的辉煌就还在昨天，橙色的忧伤依旧挥之不散，但那里面更有着全世界球迷共同的呼喊——再见，禁区之王！

优雅卫士

内斯塔

阿莱桑德罗·内斯塔

Alessandro Nesta

国籍：意大利

出生地：罗马，意大利

出生日期：1976 年 3 月 19 日

位置：后卫

俱乐部：拉齐奥、AC 米兰、蒙特利尔冲击、钦奈

俱乐部进球数：13 球 /624 场

国家队进球数：0 球 /78 场

总有一首歌，能让你想起他

>>>

歌名：(You Want to) Make a Memory
歌手：Bon Jovi

当亚平宁的微风吹过飘逸的长发，当地中海的湛蓝照进深邃的眼神，当斗士的不屈融入沸腾的血液，当罗马城的永恒写进一生的履历，你依旧波澜不惊，如水一般沉静。

未见悲伤时的痛哭流涕，没有开怀时的忘我狂喜，阿莱桑德罗·内斯塔，就这样与守候他的人们相伴，从少年到中年的面孔如同云影般掠过，这一刻，我们却似乎忘记了是怎样的开始，忘记了你是如何走进我们的世界，又在 20 年后悄悄离开。我们只记得，你将守护者的角色演绎得如此与众不同，就像罗马城恢宏的宫殿旁衣着华贵的骑士，是绿茵场上最优雅的卫士。

1993 年，佐夫将 17 岁的内斯塔调入拉齐奥一线队，并在 1993/1994 赛季完成了在意甲的处子秀。1995/1996 赛季，意甲联赛固定了球员的号码，而 13 这个数字也成了内斯塔职业生涯的标志。

1996 年欧洲青年锦标赛，内斯塔在决赛中罚进点球，帮助意大利击败西班牙。7 月的奥运赛场，队内年龄第二小的内斯塔开始向世界展示他的能力。而就在同年 10 月，他在意大利国家队上演首秀。在巴雷西退出国家队，贝尔戈米状态逐渐下滑的日子里，他和卡纳瓦罗一起为蓝衣军团的后防线注入了新的活力和新的希望。

在中前场明星云集的拉齐奥，内斯塔承担起了后防的重任，亚平宁赛场众多顶级前锋成为了他成长道路上的试金石。面对加盟国际米兰第一个赛季风头无人能挡的罗纳尔多，内斯塔的防守让“外星人”在罗马奥林匹克球场失去了神奇的力量，内斯塔在这场对国际米兰的 3 比 0 完胜后让自己名满天下。而在意大利杯的决赛中，他打进了为蓝鹰锁定胜局的进球，从而以 3 比 2 的总比分击败AC 米兰，为自己带来了在成年队的第一个冠军。

飞速的成长让内斯塔成为了球队的领袖，在 22 岁的年纪就戴上了拉齐奥的队长袖标。1998/1999 赛季，他第一次作为队长捧起奖杯——欧洲优

▲ 1999 年 8 月 27 日，拉齐奥 1 比 0 力克曼联夺得欧洲超级杯，蓝鹰年轻的队长内斯塔高举奖杯。

胜者杯。第二个赛季，在俱乐部百年华诞之际，他又率领坚实的防线一路为球队保驾护航，时隔 26 年再次登顶意甲。昔日的雏鹰早已羽翼丰满，展开双翅翱翔于亚平宁之巅。

2000 年，喜悦与心碎相伴，欧洲杯决赛，当维尔托德踢出的皮球滚过内斯塔的脚边，胜利的天平向法国人倾斜，随后便是让特雷泽盖名载史册的金球。内斯塔沉默着，与蓝衣军团一起捧起奖杯的日子只有继续等待。

拉齐奥的财政问题使得他们最终不得不出售年轻的队长，那是一次被迫的离开，内斯塔曾表示非常羡慕好友托蒂，可以为自己钟爱的球队奉献一生。

2002 年夏天，一段天蓝色的情结终结，一段红黑色的旅程开启。那时的 AC 米兰在拥有内斯塔后如虎添翼，而俊美的战士展现出的是充满血性的斗志，一次次倒下，即使鲜血在脸上流淌，依旧寸土不让。2002/2003 赛季冠军杯决赛，在儒尼奥尔受伤却无法换人的情况下，内斯塔引领残缺的防线抵抗着尤文图斯的进攻。随后他又在点球大战中破门，为最后的胜利奠定基础。

球场上的内斯塔兢兢业业，朴实无华，尽管是很多少女的梦中情人，

内斯塔将守护者的角色演绎得与众不同，就像罗马城恢宏的宫殿旁衣着华贵的骑士，是绿茵场最优雅的卫士。

∧ 2006 年世界杯，内斯塔随意大利队夺冠。由于受伤，他缺席了大部分的比赛，间接成就了替补他的马特拉齐的神奇。

∨ 2007 年世俱杯决赛，AC 米兰 4 比 2 击败博卡青年，内斯塔打进一球，职业生涯虽进球不多，但他这粒进球却极为关键。

他却极力塑造着一个球员的角色，绝不为球场外的自己制造任何新闻。很多人形容内斯塔沉静如水，但有时候，他更像一座不动声色的火山，而当火山喷发时，带来的却是难以抵挡的强悍。他曾在与旧主拉齐奥的对抗中给小因扎吉一记耳光，也曾有过在底线附近弯下腰，把即将出界的皮球吹出底线的顽皮之举。生活中的内斯塔就是这样，玩笑不断，与球场上判若两人，一半是海水，一半是火焰。

2005年伊斯坦布尔之夜留下的冰冷被一年后世界冠军的喜悦冲散，只是内斯塔再次受到伤病的侵袭，无奈之中成就了马特拉齐的神奇。也许，没有那次受伤，冠军的滋味会更加甜美。

2007年雅典的欧冠决赛，红黑军团时隔两年在决赛中面对同样的对手，那是红黑军团的一次自我救赎，内斯塔凶猛的封堵和精准到毫米的铲断让对手利物浦两年前的逆转奇迹没有重现。年底的世俱杯上，内斯塔也用自己的进球为红黑军团打开了胜利之门，AC米兰成为了当时全世界洲际赛事的王者。

米兰城最后几年的岁月里，伤病一直纠缠着内斯塔，但他依旧在面对切沃的比赛中实现了职业生涯唯一一次独中两元，又和球队一起在2010/2011赛季再次征服意甲。2011年夏天，AC米兰在鸟巢捧起意大利超级杯，内斯塔在欧洲赛场的最后一个冠军留在了北京。35岁的内斯塔依旧可以用精准的铲球让巅峰时期的梅西捶胸顿足，却终究还是要在时光中放慢脚步。2012年夏天，内斯塔与相伴十年的AC米兰说了再见。

远赴美国大联盟的蒙特利尔冲击队，内斯塔成为了最耀眼的明星，但他的光芒却无法经常照耀到我们的眼中。印度超级联赛的短暂生涯，支离破碎的消息已经无法勾勒出他清晰的面庞，也模糊了曾经意气风发的模样。

罗马城走出的翩翩少年，曾守护着罗马和米兰两座城市。九年蓝鹰岁月，拉齐奥的蓝色球衣如同他的第二层皮肤；十载红黑生涯，圣西罗的球迷视他为王朝的基石。

记忆依旧是那长发在风中飘扬的日子，不忍离别，或许只因为不忍看那一段属于你我的青春隐没于海的另一边。也许没有一个人能像内斯塔一样将防守演绎得如此优雅，就像永恒之城里承载着时光之美的雕塑。

贝影

贝克汉姆

大卫·贝克汉姆

David Beckham

国籍：英国

出生地：伦敦，英国

出生日期：1975 年 5 月 2 日

位置：中场

俱乐部：曼联、普雷斯顿、皇家马德里、
洛杉矶银河、AC 米兰、巴黎圣日耳曼

俱乐部进球数：129 球 /719 场

国家队进球数：17 球 /115 场

总有一首歌，能让你想起他

>>>

歌名：Because of You
歌手：Kelly Clarkson

他是宠儿，也是弃儿；他被追逐，也被放逐；他在失重后赢回尊重，他在尊重中赢来更多的尊重；他在巅峰中离开，他在离开时已经没有离开。他叫大卫·贝克汉姆，一个总是牵动世界的人，一个动人的球员。

在足球场上，他不是天才，没有上帝的眷顾，他只是默默地奔跑，静静地等待。美丽的弧线让他集万千宠爱，却也让他背负了太多的责任。直到贝影渐行渐远，只留下一声叹息。

然而这一天总会到来，当它真的到来的时候，又会让人无限感伤。

“你希望如何被人铭记？一个足球运动员，还是一个过去 22 年里功成名就的人？”

“我只希望人们记住，我是一个勤奋的球员，一个对比赛怀有无比热情的球员，一个一踏上球场便倾尽全力的球员。”

这是 2013 年夏天贝克汉姆退役后第一时间与自己的好友加里·内维尔的对话。没错，在他自己的定义里，大卫·贝克汉姆，这个全世界最著名的球员，单纯地只是一名球员。

92 班的那张珍贵合影，依然在尘封的记忆中发出应有的光芒。那时候他从东伦敦而来，他在曼彻斯特成长。当儿时的伙伴们一起进入一线队，一起登上英超王座的时候，阿兰·汉森先生的著名言论还在耳边回荡：“靠孩子你什么也赢得不了！”

在我们的记忆中，塞尔赫斯特公园午后的阳光也从未走远，当然还有那个阳光般的少年。中线附近，那脚吊射，皮球高高地飞向天空，越过温布尔登门将沙利文的头顶，下落，入网。所有人都几乎呆立在原地，只有那个帅气的金发少年高举双臂，那个神奇的进球，从此改变了他的生活。

1998 年法兰西之夏，对阵哥伦比亚，贝氏弧线首次亮相国际舞台，那一脚圆月弯刀，在世界杯的赛场上留下经典。在那一刻，他成为了全英

∧ 1996 年 8 月 17 日，对阵温布尔登，贝克汉姆一球成名。

∨ 1998 年世界杯对阵哥伦比亚，贝氏弧线首次亮相国际舞台。

格兰的宠儿。大战阿根廷，迭戈·西蒙尼痛苦倒地，尼尔森手中那张刺眼的红牌，留下了落寞、黯然和孤单。那是十头雄狮和一个傻瓜的故事，那一刻，他成为了全英格兰的弃儿。

从宠儿到弃儿，再从弃儿到宠儿，经过了一段漫长的道路。

那是梦幻的 1999 年，当曼联缔造三冠辉煌直达巅峰，当两记角球助曼联实现不可思议的逆转，儿时的梦想正在一一浮现。三冠王的荣耀创造了英格兰足球的历史，但那绝不是终点，只是这段漫长的拯救之路上奏响的第一曲胜利的共鸣。

老特拉福德，永远高昂的梦剧场，有着永远心跳的回忆。战希腊，最后一分钟的华丽弧线，就像是一幅永恒的画面，描述着这位三狮军团的队长，如何成为三狮军团的拯救者，也描述着一段动人的故事，从弃儿到宠儿的励志神话。那一脚，直接把三狮军团再度送进了世界杯的赛场，那时，复仇的火焰已在心中熊熊燃烧。

仿佛命运的安排，2002 年世

∧ 英阿大战，一张红牌让贝克汉姆成为了全英公敌。

∨ 1998/ 1999 赛季欧冠决赛，小贝两记角球助球队完成超级逆转，曼联实现梦幻三冠王。

2002 年世界杯预选赛迎战希腊，小贝最后一分钟直接任意球破门，将英格兰队直接送进了韩日世界杯。

界杯，再次把阿根廷推到了英格兰人的面前，这对宿敌，曾无数次在世界赛场上成就经典，更曾无数次留下难以磨灭的恩怨。贝克汉姆的那一脚点球，发泄着四年来所有的力量，也彻底将四年中所有的阴霾扫去。这就是一个男人的征服，对命运的抗争中，你会为你所有的选择而积蓄力量，而这种力量，让我们肃然起敬。

疯狂的 2003 年，当眉骨上的血迹还未完全褪去，一段曾经珍视的师徒情却已到决裂的边缘。这也就注定，一段漫长生涯的告别已不期而至，终究留下一个难言的结局。当然，无论走到哪里，你还会是当年那个曼彻斯特的孩子，从少年到青年，从 92 班到一线队，从 24 号到 7 号，如今，从老特拉福德，到伯纳乌。

贝影远去，贝影又近；一切遥远，一切清晰。

银河战舰的风光仿佛就在昨日，从隐忍到爆发，四年的经历再度演示了一场梦幻的故事。2007 年，带着银河战舰的风光，带着圣乔治旗而离去，同时也带着冠军离去，在伯纳乌的绚烂焰火中，有如即将远行的英伦骑士，去追寻那熠熠生辉的美国梦。

洛杉矶的六年，那些灰色的记忆曾提醒他，这里是天使之城，并不是天堂，但如果他征服了天使之城，这里就是天堂。尽管有着短租 AC 米兰让洛杉矶球迷不满的插曲，但最终，贝克汉姆还是征服了天使之城。他总是以冠军的名义告别，这次也不例外，而这又不像一次告别，更像又一次全新的开始。

37 岁，情归巴黎，终于可以微笑地面对离别。比赛还在继续，生活还在继续，只是球场上不再有贝氏弧线，江湖中不再有圆月弯刀。当一切已成往事，当贝影远去，我们不为你哭泣，只为你无眠。

难忘那 115 次的三狮军团岁月，三狮军团的队长，从未达到巅峰，却胜似巅峰，传奇般的岁月在古老的温布利圣殿中永远珍藏；难忘那六次英超冠军、两座足总杯、一座冠军杯的荣耀，写就了那个从伦敦走出的翩翩少年，在曼彻斯特留下的动人故事；难忘那一次西甲冠军，两届大联盟总冠军，一次法甲冠军，总是带着星光靠近，总是带着荣誉离开，这是贝克

> 2002 年世界杯，小贝点杀阿根廷，实现完美复仇。

V 2003/2004 赛季欧冠小组赛，皇马主场 4 比 2 大胜马赛，小贝庆祝本队进球。

▲ 夺得 2012 赛季美国职业大联盟总冠军之后，小贝同三个儿子布鲁克林、克鲁兹和罗密欧共同庆祝。

汉姆专属的方式，一次次在繁华的季节中迎来送往。

同样难忘，92 班的再次相聚，六位伙伴的相拥，他们曾一同度过足球生涯中的大部分时光，他们一起进退，他们共历荣辱，唯有那闪亮的日子，和那张永远未曾褪色的老照片，还在讲述着他们的故事。

这些年来，我们面对过很多次离开，每一次都会伤感、落泪；但贝克汉姆离开之时，我们从不担心他会消逝，因为无论走到哪里，至少还有他的贝影。我们当然又怕他真的离去，因为只有在足球场上，贝影最美。

贝克汉姆说：“没有什么事情能取代足球在我心中的地位，然而，我想开始一段新的旅程。”我们相信，他的确会有一段不同的旅程，那也是用另外的方式延续着对足球的爱。

俊朗的外表，美丽的弧线，明星的妻子，等身的荣誉，青春的记忆，梦幻的传奇，无尽的伤病，世人的指摘，自我的救赎，上帝的眷顾。这，

2013 年 5 月 18 日，巴黎圣日耳曼主场 3 比 1 击败布雷斯特，贝克汉姆最后一次以球员身份出战。赛后，他被队友高高抛起。

就是大卫・贝克汉姆——一个比同时代的任何一位巨星都要光鲜亮丽的球员，一个比同时代的任何一位巨星都要背负更多的球员，只因为他是贝克汉姆。而大卫・贝克汉姆，只有一个。

记忆总在人们生活的时代中不停翻滚，那个从伦敦东区到曼彻斯特的少年，那个在塞尔赫斯特公园一战成名的小将，那个从青葱 92 班到传奇 7 号的青年，那个从弃儿到宠儿的男人，那个从老特拉福德到伯纳乌的男人，那个维多利亚的爱人，那个四个孩子的父亲，那个三狮军团的队长，那个怀揣着美国梦的男人，那个在巴黎告别足球的大卫・贝克汉姆，有着怎样一段色彩斑斓的足球生涯，有着怎样一个美丽动人的足球故事！

二十余年，时间，从未停止；记忆，从未剥离；贝影，从未远去……

斑马王子 皮耶罗

阿莱桑德罗·德尔·皮耶罗

Alessandro Del Piero

国籍：意大利

出生地：科内利亚诺，意大利

出生日期：1974 年 11 月 9 日

位置：前锋

俱乐部：帕多瓦、尤文图斯、悉尼 FC、德里迪纳摩

俱乐部进球数：316 球 /777 场

国家队进球数：27 球 /91 场

总有一首歌，能让你想起他

>>>

歌名：You Took My Heart Away
歌手：Michael Learns to Rock

2012 年 5 月 13 日，尤文图斯竞技场笼罩着两种截然不同的气氛，时隔六年重新拿到意甲联赛冠军让球迷们欣喜若狂，冠军的旗帜在尤文图斯竞技场上空飞扬，宣告着王者归来的豪迈。在这份豪迈的背后，却也有一丝悲伤，人们的目光紧紧地聚焦在德尔·皮耶罗的身上，那是尤文图斯球迷们最后一次欣赏自己的王子身披斑马衣衫在意甲的天空翱翔。

37 岁的皮耶罗打进了一个进球，他吐出舌头的庆祝早已在记忆中成为一种习惯，这个熟悉的场面却要在这场比赛后和球迷说再见。队友的拥抱，对手的致敬，球迷的呐喊与泪水无法讲述他留下的是怎样一个时代，只是斑马军团再无王子。

1993 年，19 岁的德尔·皮耶罗从乙级球队帕多瓦转会斑马军团。在当时风头正劲的罗伯特·巴乔与维亚利等人身边，很少有人去注意这个青涩的少年，也许更不会有人去关注那个赛季第 5 轮尤文图斯 4 比 0 大胜雷吉纳的比赛里，皮耶罗在第 81 分钟打进了锦上添花的进球，那是他在意甲的第一个进球。

真正登上意大利足球历史的舞台，皮耶罗用了最为炫目的方式。1994 年 12 月 4 日，面对佛罗伦萨，终场前 3 分钟，他看似轻描淡写地一脚撩射破门，这是技术、力量和协调性的完美组合，帮助尤文图斯 3 比 2 绝杀紫百合。于是，全世界知道了德尔·皮耶罗这个名字，斑马军团找到了属于自己的王子。

1994/1995 赛季，皮耶罗和球队一起获得了联赛冠军，也是他职业生涯的第一个冠军。尽管在联盟杯决赛中负于帕尔马，但是斑马王子已经和球队一起，在各个赛场上向鼎盛时期的米兰王朝发起了强有力的冲击。

接下来的三个赛季，皮耶罗的 35 个进球帮助尤文图斯两次获得联赛冠军，而在欧洲赛场上，斑马军团更是连续三次打进冠军杯决赛。1996 年 5 月 22 日的罗马奥林匹克球场，尤文图斯在点球大战中击败阿贾克斯获得

∧ 1998 年世界杯 1/8 决赛，意大利遭遇挪威，维埃里第 18 分钟攻入全场比赛唯一进球，皮耶罗与进球功臣维埃里的庆祝画面让人难忘。

∨ 2000 年 9 月 16 日，尤文图斯在意大利杯中客场挑战布雷西亚，皮耶罗和巴乔两代斑马王子再聚首。

冠军，皮耶罗第一次站在了欧洲之巅。欢庆的人群中，他并不是主角，但随着巴乔、维亚利和拉瓦内利的相继离开，皮耶罗扛起了进球的重任，也在向世人宣布，他并不是巴乔的接班人，他就是德尔·皮耶罗。

1996 年年底的丰田杯上，皮耶罗一锤定音帮助斑马军团击败河床捧杯。1996/1997 赛季的冠军杯决赛，虽然斑马军团负于了多特蒙德，但是皮耶罗的脚后跟破门让人们看到了他的灵动。1997/1998 赛季，皮耶罗打进了 21 个进球，在第 31 轮与夺冠竞争对手、罗纳尔多领军的国际米兰直接对话中，皮耶罗单挑对手整条后防线的进球，为联赛捧杯奠定了基础。

那一年，皮耶罗第一次征战世界大赛，法兰西之夏没有留给蓝衣军团太多美好的回忆，他也在 1998 年底因为受伤阔别赛场九个月之久。

2000 年的大雨中，尤文图斯痛失联赛冠军，皮耶罗落寞的背影在冷雨中如同雕塑；而在欧洲杯的赛场，意大利在决赛中被法国队金球绝杀，人们抨击他两次错失单刀浪费了制胜良机。皮耶罗的职业生涯陷入低谷，但是在通往顶峰的路上注定要背负压力，而只有穿越荆棘，才能涅槃重生。

2000/2001 赛季，皮耶罗在父亲去世后第三天客场挑战巴里的比赛中打进的精彩进球，就是他坚韧意志的最好写照。接下来的一年，他的进球帮助尤文图斯最后时刻反超国际米兰，再次夺得联赛冠军。韩日世界杯的赛场上，皮耶罗在面对墨西哥的比赛中打进重要进球，尽管意大利最终含冤告别，但皮耶罗找回了最好的自己。2002/2003 赛季与银河战舰的欧冠半决赛，在传说中的“皮耶罗区域”，他施展凌波微步，在主场打开胜利之门。

卡佩罗的到来让皮耶罗暂时失去了主力位置，却没有失去任何人的信任。2006 年世界杯，虽然已经不是里皮心中的绝对主力，但在对东道主德国队的半决赛中，他用一次快速反击中的破门奠定胜局，完成了在蓝衣军团的自我救赎，也终于和蓝衣军团一起在柏林奥林匹克球场绽放出最灿烂的笑容。

乙级联赛的阴霾没有让皮耶罗背离初衷，黑白色的间条衫已经成为他的第二层皮肤，带领球队打回意甲，34 岁的他第一次拿下意甲金靴。和球队一起打回欧冠，没有人会忘记他面对泽尼特破门后翻腾庆祝的振臂呐喊，面对皇家马德里两回合比赛两次破门，伯纳乌球场的皇马球迷为他送上敬

Betclic

佩的掌声。面对锡耶纳，他打进了自己职业生涯的第 300 个进球，风雪交加里，不屈与顽强在斗志中燃烧。

当尤文图斯竞技场落成，斑马军团迎来了新生，在孔蒂的带领下，尤文图斯夺回阔别已久的意甲冠军，但斑马王子的黑白岁月却走到了尽头。到来时风华正茂，离去时一身荣耀，德尔·皮耶罗在尤文图斯的历史上写下了一段不可替代的历史，他是尤文球迷心中永远的斑马王子，也是二十年来尤文图斯俱乐部的象征。

未能在斑马军团退役或许是他唯一的遗憾，在澳超悉尼 FC 队中，他在两个赛季打进 24 球，将皮耶罗的梦幻脚步和球场之舞带到了地球的另一端。职业生涯末期，他来到印度超级联赛的德里迪纳摩，那里有他熟悉的朋友，但终究只是短暂的停留。

离开赛场，昔日的斑马王子没有再效新主，却也迟迟不肯宣布退役，也许是他心中的那份高傲，让他无法对深爱的绿茵场说出那声残酷的“再见”。

昔日的尤文图斯主席阿涅利将皮耶罗昵称为“平图里奇奥”，那是意大利历史上著名艺术家的名字。皮耶罗就是一位足球场上的艺术家，华丽的脚步和优雅的外形相得益彰，温文尔雅的外表下蕴藏着火山般炽热的力量。尤文图斯成就了皮耶罗，在这支王者之师，曾经的王子有了光芒四射的舞台；皮耶罗同样成就了尤文图斯，多少人因为他的名字爱上了这支球队。

1994 年那凌空一击仿佛就在昨天，却在光影闪烁间飞越了二十余载的光阴，但即便再有几个二十载飞过，提起德尔·皮耶罗，人们依旧会记得“斑马王子”这个专属于他的名字。

∧ 2012 年 3 月 25 日，尤文图斯同国际米兰的意大利国家德比在尤文图斯竞技场上演，皮耶罗为斑马军团锁定胜局，他用标志性的吐舌动作庆祝进球。

∨ 2006 年世界杯，皮耶罗虽已不是绝对主力，但他同蓝衣军团一起，在柏林奥林匹克球场绽放出最灿烂的笑容。

∨ 2012 年 5 月 13 日，尤文球迷在欢庆球队重新拿到联赛冠军的同时，也送走了他们的王子德尔·皮耶罗。

吉格斯

真正红魔

瑞恩·吉格斯

Ryan Giggs

国籍：英国
出生地：加的夫，英国
出生日期：1973 年 11 月 29 日
位置：中场
俱乐部：曼联
俱乐部进球数：168 球 /963 场
国家队进球数：12 球 /64 场

总有一首歌，能让你想起他

>>>

歌名：When We Were Young
歌手：Take That

92 班，一个神圣的名字，他们已在年华中老去，他们又在年华中不老。就像那张二十多年前的著名合影，至今还流传在我们的面前，在那段岁月留下的痕迹中，又是否曾留下你我的情怀？

2013 年底，带着无尽的情怀，一部描述曼联 92 班的同名电影隆重上演。首发仪式上，我们再次看到了六位伙伴相聚的身影：吉格斯、斯科尔斯、贝克汉姆、巴特和内维尔兄弟。

他们当中，加里·内维尔已是英国著名的足球评论员，菲尔·内维尔和巴特在教练岗位上迈出了第一步，斯科尔斯和贝克汉姆则在同一年结束了自己辉煌的球员生涯。吉格斯——92 班中年龄最大的这一位，当时，年过四十的他依然在自己的曼联生涯中以球员的身份出场，继续兑现着自己当初的梦想。

吉格斯也是 92 班中最早出名的一个。当他成名的时候，其他兄弟还在青年队中努力追寻梦想。吉格斯 17 岁就第一次登上联赛赛场，那时英超都还没有成立。17 岁取得第一个进球，对手是同城死敌曼城；17 岁奠定一线队主力位置，被视作英伦赛场上不世出的天才。1992 年，吉格斯以队长身份带领曼联 92 班夺取青年足总杯的冠军，这一冠军被视为 92 班的成人礼。

年少成名的吉格斯也曾遭遇成长的烦恼，他和好友李·夏普在一次派对上被弗格森生生抓了回来。从此，这对好友走向了两个极端，才华横溢的李·夏普在伤病和夜生活的侵袭下迅速退出了人们的视线，而吉格斯则在英超的舞台上从此走向了传奇的道路。

英超初年，吉格斯代表曼联时隔 26 年后首夺冠军，并获得了年度最佳青年球员的奖项。他的速度快如闪电，在曼联的左路风驰电掣。特别是对托特纳姆热刺和女王公园巡游者所留下的两个不可思议的进球，正是吉格斯早年速度与技术完美结合的精品。1993/1994 赛季，曼联获得双冠王，这位英伦赛场上的左路天王正如日中天。

EH
UMBRO
CARLING No1. AWARD
CARLING No1. AWARD
SHARP
EH

曼联 92 班，一个神圣的名字，他们已在年华中老去，
他们又在年华中不老。

∧ 1998/1999 赛季足总杯半决赛重赛，吉格斯在加时赛中千里走单骑，为曼联队攻入制胜一球，淘汰阿森纳闯入决赛。

< 1996 年 4 月 6 日，吉格斯在同曼城队的德比战中攻入关键进球，曼联在缅因路客场 3 比 2 取胜。这个赛季，曼联在一度落后纽卡斯尔达 12 分的情况下，最终逆袭夺冠。

∨ 在联赛和足总杯相继登顶之后，曼联又在诺坎普球场创造了奇迹，逆转拜仁登上欧洲之巅，书写三冠王神话。

然而，在 1995 年夏天，曼联却经历剧变，保罗·因斯、马克·休斯和坎切尔斯基三大主力离队，弗格森大胆启用 92 班青年球员集体进入一线队。但首轮对阿斯顿维拉，年轻人付出了 1 比 3 失利的代价，著名评论员阿兰·汉森留下一句名言：“靠孩子你什么也赢得不了！”

然而，正是这群孩子，在停赛复出的“国王”坎通纳的带领下，却在 1995/1996 赛季爆发出了惊人的能量。他们在一度落后纽卡斯尔 12 分的局面下，居然奇迹般地逆转成功，吉格斯和他的伙伴们第一次集体在一线队作战，就以英超和足总杯双冠王的成就回报了弗格森的信任。92 班，这个光荣的集体，从此开始统治英超。在夺冠那天的看台上，有一条横幅尤为显眼：“靠孩子什么也赢得不了？对吗，阿兰·汉森先生？！”

在那个时代里，92 班的其他五位成员都已成为曼联乃至英格兰队的中坚力量，而在 16 岁时就代表英格兰中学生队踢过国际比赛的吉格斯，却始终没有答应三狮军团的邀约。他只为自己的家乡威尔士而战，这也注定了他在国际赛场上的悲情，威尔士长年无缘大赛，吉格斯和自己的前辈伊恩·拉什、休斯一样，却从没有后悔过自己的选择。

1998/1999 赛季，吉格斯和 92 班的伙伴们开始了全新的冒险，在联赛称霸多年、欧冠却无一收获的日子里，弗格森打造的红色王朝到了终成正果的时候。吉格斯打进了这个光荣的赛季中曼联的第一个进球，从此，他们在三条战线上全速挺进。

没有人能忘记 1999 年 4 月 14 日，这个发生在维拉公园球场的伟大时刻。曼联同阿森纳的足总杯半决赛重赛，加时赛中，维埃拉的传球被吉格斯在中场阻断，他开始了长途奔袭，一路跨过维埃拉、迪克逊、基翁和亚当斯的防守，一脚劲射打破希曼的十指关，这是足总杯历史上的最伟大进球，吉格斯千里走单骑，把曼联带进了足总杯决赛。

在联赛和足总杯相继登顶后，曼联又在诺坎普球场创造了奇迹，逆转拜仁登上欧洲之巅。三冠王，这个历史性的荣誉成为了弗格森王朝中的重要一笔，曼联也成为英格兰足球史上第一个、也是唯一一个完成联赛、足总杯和欧洲冠军杯三冠王神话的球队。

▲ 2007/2008 赛季欧冠决赛，在范德萨扑出阿内尔卡的最后一记点球之后，吉格斯和队友们冲向范德萨庆祝夺冠。

然而，三冠王并不是终点，接下来的英超三连冠再度创造历史。2000/2001 赛季第 33 轮，吉格斯在禁区线外高高跃起，远程头球攻破考文垂大门的场景同样令人印象深刻，那也让曼联提前五轮夺冠，在英格兰足坛牢牢占据着霸主的地位。

虽然接下来的几年内，阿森纳和切尔西相继挑战霸权，贝克汉姆、巴特和菲尔·内维尔的先后离队也让 92 班不再完整，但留下来的吉格斯、斯科尔斯和加里·内维尔依然统领着全队东山再起。那已是弗格森重新打造的二代王朝的核心年代，2007/2008 赛季最后一轮，吉格斯在维冈竞技的主场奉献赛季最后一击，帮助曼联锁定冠军。

从青春年少到两鬓斑白，吉格斯走过的这条路，清晰地记载着岁月的痕迹，这条路，有人匆匆而来，有人走下神坛，唯有吉格斯始终屹立不倒。在莫斯科卢日尼基球场的欧冠决赛中，替补登场的吉格斯打破了查尔顿爵士 759 场的曼联出场纪录，并在点球大战中打进曼联的最后一个点球。九年后的欧冠登顶是一段说遥远不遥远，却艰难无比的征服之路。

2012 年夏天，吉格斯还完成了自己世界大赛的首次演出，作为英国奥运男足队的队长，他打破了奥运会历史上最年长的进球者纪录。尽管英国奥运队未能获得荣誉，但至少吉格斯的大赛履历不再一片苍白。

随着 2013 年弗格森的突然退休，曼联的红色帝国告别了往日的辉煌，吉格斯以 13 座英超奖杯的荣誉笑傲群雄，曼联则以 20 座顶级联赛奖杯的成绩超越利物浦，成为英格兰足球史上最成功的球队。那时，斯科尔斯也在荣誉中告别足球生涯。92 班，只剩吉格斯孤军奋战。

2014 年 4 月，莫耶斯下课，尚未退役的吉格斯义无反顾地成为了代理主帅。于是，一副唯美的画面展示于众人面前，在曼联的教练席上，端坐着主教练吉格斯，而斯科尔斯、巴特和菲尔・内维尔三位助理教练则围绕身旁。那是一个怎样的场景？它记录着 92 班最终的团聚，维系一生的情谊。

在对赫尔城的比赛中，主教练吉格斯将球员吉格斯换上场的场景竟然真实地出现了，那是他的第 963 场比赛，曼联的一代传奇终于以球员兼主教练的双重身份告别了历史舞台。至此，92 班已全部告别，他们肩并肩走出球场的那一幕，画面实在太美，让人不敢直视。

人们的思绪不禁倒退三十年，那些夕阳下的伙伴，那些旧日的足迹，那些无与伦比的成长的日子，那些年在一起踢球，又放学回家的少年。当你们随着老特拉福德的阶梯步步而上的时候，“真正红魔”，是你们共同的称谓，当你们年轻时，我们曾共同拥有过青春，只可惜，时光不再，你我已不再年轻。

蓝黑超人

萨内蒂

哈维尔·萨内蒂

Javier Zanetti

国籍：阿根廷
出生地：布宜诺斯艾利斯，阿根廷
出生日期：1973 年 8 月 10 日
位置：后卫
俱乐部：塔勒莱斯、班菲尔德、国际米兰
俱乐部进球数：26 球 /957 场
国家队进球数：5 球 /143 场

总有一首歌，能让你想起他

>>>

歌名：All of Me
歌手：John Legend

没有红色的披风，蓝黑色的球衣是他的第二层皮肤；无法穿透云层，球场是他自由驰骋的天空；没有撼动天地的神力，他的双脚却拥有抵御岁月侵蚀的神奇；来自潘帕斯的他有着酷似超人扮演者克里斯托弗·里夫的面容，而他也像电影中的超级英雄一样，在坚定的守望中带给人们希望。哈维尔·萨内蒂，一个属于足球场的超人，身影掠过，在平淡背后留下一段传奇故事。

1994 年世界杯后，亟待重建的阿根廷国家队将还效力于班菲尔德的萨内蒂招入队中，并在当年对智利的友谊赛中完成了国家队的处子秀。一年后，萨内蒂在国际米兰传奇人物法切蒂的带领下系上了蓝黑色的围巾，并在多年后成为了这里的旗帜。

初到蓝黑军团的萨内蒂就开始被安排在不同的位置，但不论在哪里，他都会用自己不知疲倦的奔跑撕扯着对手的防线。1997/1998 赛季，国际米兰向联赛冠军发起冲击，第 31 轮的争议让萨内蒂与冠军失之交臂，但就在同一个赛季，连续第二次打进联盟杯决赛的国际米兰在一场意大利内战中笑傲巴黎王子公园球场。面对拉齐奥，第 60 分钟时，萨内蒂的凌空抽射将比分改写为 2 比 0，这是一粒稳固胜局的进球，最终的 3 比 0 让国际米兰迎来了莫拉蒂时代的第一座奖杯，而萨内蒂用水滴石穿般的勤奋征服了意大利的球迷。

同样在 1998 年的这个夏天，萨内蒂第一次出现在了世界杯的赛场上。虽然最后被荷兰淘汰，但与英格兰的 1/8 决赛打得荡气回肠，阿根廷队打出精彩的任意球配合，由埋伏在对方人墙后面的萨内蒂扳平比分。那场英阿大战之所以称得上世界杯历史上的经典，除了过程跌宕起伏之外，还奉献了两粒精彩的进球，一个是欧文长途奔袭的成名之作，另一个就是萨内蒂的这个进球。

1999 年，随着贝尔戈米的离去，萨内蒂开始担任蓝黑军团队长，并逐渐成长为球队新的领袖。库珀的到来让国际米兰有了新的面貌，在阿根廷

1998 年世界杯 1/8 决赛，阿根廷同英格兰的对决堪称佳作名局，萨内蒂跟队友配合打进一记绝妙任意球。

教练的带领下，2001/2002 赛季，蓝黑军团再次向联赛冠军发起冲击，但在最后时刻，他们却在罗马奥林匹克球场功败垂成。

2002 年的夏天，泪水围绕着为了追逐荣誉而倾尽所有的萨内蒂。世界杯的赛场上，萨内蒂目送着瑞典队斯文森的任意球掠过头顶，击碎了最后那丝出线的希望，一曲《阿根廷别为我哭泣》挑动着阳光下那份让人心碎的情绪，成为了那时最动人也最准确的表达。

可是谁又能想到，由于之后两任国家队主帅佩克尔曼和马拉多纳的决绝，这竟然是萨内蒂在世界杯舞台上的谢幕表演。或许正因如此，当离开绿茵场时，萨内蒂说，这是自己整个职业生涯中最想重新来过的一场比赛。

黯淡的时光，泪水没有浇灭梦想的火花，反而让它燃烧得更加猛烈。2006/2007 赛季，莫拉蒂时代的第一个意甲冠军终于到来，萨内蒂终于品尝到了登顶亚平宁的滋味。而第二个赛季的卫冕之路上，第 25 轮与竞争对手

▲ 2010 年，国际米兰队勇夺五冠王，其中，夺得冠军杯无疑是最为炫目的荣耀。巧合的是，同拜仁慕尼黑的决赛恰好是萨内蒂整整第 700 次为蓝黑军团出战。

罗马队的正面碰撞中，萨内蒂第 88 分钟重现了十年前联盟杯决赛时的长虹贯日，最后时刻为蓝黑军团扳平比分，也保持住了积分的优势，并最终蝉联冠军。

2009/2010 赛季最后一轮，萨内蒂与队友连续第五次成为意甲冠军，让跨越了百年岁月的蓝黑军团闪耀出炫目的光彩，此时的他，遥望着耀眼的欧冠奖杯。欧冠的王座等待着 45 年后的王者归来，蓝黑色的球衣成为了他征服欧洲的铠甲。

伯纳乌的欧冠决赛之夜见证着萨内蒂整整第 700 次为蓝黑军团出战，当终场哨音响起，37 岁的他与即将离去的穆里尼奥紧紧相拥，在欢呼和呐喊中感受着多年执着终得所愿。萨内蒂的 2010 年充满了辉煌，五冠王将足球的天空染成了蓝黑色，萨内蒂在这片天空里尽情翱翔。

不知从什么时候开始，中国球迷开始将萨内蒂称作“小将”，赞美他长

∧ 萨内蒂的队长袖标上写满了和他共事过的队友的名字，19 年人来人往，只有他始终坚守。

< 萨内蒂特意拥抱了前国米主席莫拉蒂，感谢他当年的知遇之恩。

∨ 2014 年 5 月 10 日，国际米兰同拉齐奥比赛结束后，即将告别绿茵场的萨内蒂被队友们高高抛起，以此向他表达敬意。

盛不衰的绿茵生涯，也表达着不想看到他老去的愿望。从 2010 到 2012 年，萨内蒂跨越职业生涯千场大关，超越贝尔戈米保持的国际米兰球员意甲出场纪录、米兰德比出场纪录和代表国际米兰总出场纪录，超越马尔蒂尼成为以队长身份参加欧冠次数最多的球员。

2011 年美洲杯，他在最后一场国家队比赛中点球惜败，但缺席两届世界杯的他却用 145 场的纪录树立了一个旁人难以企及的高度。

也许时间无法在他的双腿留下痕迹，但伤病却让萨内蒂停下了脚步。2013 年 4 月 28 日，萨内蒂在对阵巴勒莫的比赛中跟腱断裂，很多人认为 40 岁的他将就此退役，他却在 195 天后重新回到赛场。

伤愈后的第一次首发，萨内蒂的队长袖标上写着“回到未来”，以此象征一个新的起点，但对于萨内蒂，却有着不同的含义，他开始考虑自己的未来，而这个未来已经不在奔跑了二十余载的球场上。

没有人会想到，2014 年 4 月末的那个夜晚，萨内蒂会突然宣布在赛季末结束自己的职业生涯。人们依旧亲切地称呼他为“小将”，但小将却要停止奔跑。当 2013/2014 赛季的最后一个主场来临，比赛已经成为了点缀，告别成为了那个夜晚唯一的主题。萨内蒂的队长袖标上写满了和他共事过的队友的名字，19 年人来人往，只有他始终坚守。所有到场的人们只想对他说一句再见，道一声感谢。

当我们习惯了一个人在身旁多年的陪伴，那些朝夕相处的日子，甚至会淡忘他的存在，但离别的那一刻突然到来，我们却有些不知所措，目光望向他曾经停留的地方，已经难以寻觅曾经熟悉的身影。

于是，脑海中搜索着一切关于过往的记忆，这份记忆变得更加珍贵。从这一刻起，蓝黑超人停止飞翔，19 年的忠诚与荣耀在国际米兰的历史长河中留下深深的烙印。即便他卸下戎装，荣升俱乐部副主席，但再次相见，或许人们依旧会亲切地叫他一声：你好，队长。

因扎吉

永不消逝的皮波

菲利普·因扎吉

Filippo Inzaghi

国籍：意大利

出生地：皮亚琴察，意大利

出生日期：1973年8月9日

位置：前锋

俱乐部：皮亚琴察、雷赛、维罗纳、帕尔马、亚特兰大、尤文图斯、AC米兰

俱乐部进球数：288球/623场

国家队进球数：25球/57场

总有一首歌，能让你想起他

>>>

歌名：Have I Told You Lately
歌手：Rod Stewart

总有一个人，会在你的心中留下深深的烙印，占据着你最快乐的时光；总有那么一个人，在你很久不见时依旧牵挂；总有那么一个人，即使离开你的视线，他的面容依旧是你心里最灿烂的阳光。那是一种心有灵犀的默契，像一见钟情的恋人，眼神的初次交会便注定难以割舍，从此，他的一举一动牵动着你的视线，带动着你的心跳。

对于很多人来说，因扎吉就是那个陪伴自己最快乐足球岁月的人，从相识、相恋，到不忍离别。当他在圣西罗球场挥手告别，那一刻，没有眼泪，因为他留给我们太多美好的记忆，那一刻，回忆如此清晰，如同时光从未老去。

清秀的面容，清澈的眼睛，称不上魁梧的身材，甚至曾经因为身体瘦小被同龄踢球的孩子讥笑为一根火柴棍，但正是足球点燃了菲利普·因扎吉的生命，而他也用自己的火光点亮了亚平宁的赛场，点亮了自己和很多人的梦想和期待。

19 岁的因扎吉在丙一联赛的雷费队打进了职业联赛的第一个进球。1993/1994 赛季，他来到维罗纳，并在一场对帕多瓦的德比中打进制胜绝杀，球迷齐声高唱“超级皮波”，这个绰号沿用至今，因罗密欧与朱丽叶而闻名于世的爱情小城有了新的大众情人。

辗转皮亚琴察和帕尔马之后，因扎吉在 1996 年来到亚特兰大。身披蓝黑间条衫的超级皮波似乎无所不能，有过任意球圆月弯刀破门，也有过长途奔袭的进球表演。整个赛季，他洞穿 15 支球队的大门，也以 24 个进球超越俱乐部传奇射手汉斯·耶普森单赛季 22 球的纪录，拿下亚特兰大历史上的唯一一个意甲金靴。

1997 年，获得意大利最佳年轻球员奖的因扎吉迎来了在国家队的首秀。那个夏天的四国赛是很多人心中的经典，在意大利 3 比 3 战平巴西的

∧ 1998/ 1999 赛季欧冠半决赛第二回合，尤文图斯主场迎战曼联，因扎吉开场只有 10 分钟便独中两元，帮助尤文取得 2 比 0 领先，但最终却遭到曼联逆转。

∨ 1998 年世界杯同奥地利队的小组赛，因扎吉助攻巴乔破门之后，像个孩子一样趴到巴乔的背上庆祝进球。

比赛中，因扎吉第一次为蓝衣军团征战，并为皮耶罗送上助攻。

同一年夏天，他穿上了尤文图斯的 9 号球衣，和皮耶罗组成了斑马军团的“双子星”。单赛季 18 个进球让因扎吉成为队内第二射手，而在两次面对博洛尼亚的五个进球，直接帮助球队卫冕成功。那个从未梦想过成为冠军球员的年轻人将荣誉留在了阿尔卑球场，将快乐带给了所有的球迷。

他在 1998 年的夏天第一次踏上世界杯的赛场，以替补出战的因扎吉在对奥地利的比赛中助攻罗伯特・巴乔破门，意大利 2 比 1 击败对手，而球迷印象最为深刻的则是他趴在巴乔的背上，开心得像个孩子。这一年的 11 月，他也终于在对西班牙的友谊赛中收获了自己的第一粒国家队进球。

经历了欧冠半决赛被红魔逆转的遗憾，经历了 2000 年欧洲杯决赛被法国队金球绝杀从天堂到地狱的坠落，在斑马军团，因扎吉感受了球星云集的美妙，也体味了“一山不纳二虎”的别样滋味。1999/2000 赛季，在榜首把持了将近一个赛季的尤文图斯在最后一轮迷失在了佩鲁贾的滂沱大雨中，对于皮波，留在都灵的信念也渐渐动摇。

正是这次离开，才有了后来红黑色的精彩。初到都灵，他编织着年少的梦想，离去时，留下了初次加盟顶级豪门时那份纯真的快乐，尤文“双子星”的故事也随之成为过往。

米兰，繁华中拥有宁静，时尚里带着贵族的气息。2001 年夏天，因扎吉来到了 AC 米兰，球迷的热情给了他永久停留驻足的渴望。在这里，因扎吉又一次接过了 9 号球衣，这是一个代表着射手的号码，这件红黑色 9 号的前辈是他追随的偶像马尔科・范巴斯滕。

在自己的第一场米兰德比中，因扎吉就收获进球，但噩梦接踵而至。面对切沃，因扎吉在一次争抢头球时与切沃门将卢帕特利相撞，这让他远离赛场长达四个月的时间。

2002/2003 赛季，因扎吉在 30 场联赛里打进了 17 个进球。欧冠的赛场上，他也超越了阿尔托贝利，成为了在欧战进球最多的意大利球员。决赛在老特拉福德上演，AC 米兰点球击败尤文图斯，即将 30 岁的因扎吉第一次站在欧洲之巅。

柏林奥林匹克球场，因扎吉亲吻大力神杯，站在世界的顶端，那个无所不能的超级皮波涅槃重生。

2007 年 5 月 23 日，雅典奥林匹克体育场，因扎吉扛起红黑军团的旗帜，他独中两元帮助 AC 米兰击败利物浦夺得冠军杯。

随后，因扎吉捧起意大利杯，又在欧洲杯预选赛面对威尔士的比赛中拿下了自己在国家队的第一个、也是唯一一个帽子戏法。但伤病再次成为他最大的敌人，那是长达一年零七个月的远离，以至于当他在 2005/2006 赛季重回赛场再度进球时，刚刚开始看球的孩子会问自己的父亲："这个新球员是谁？"但回到球场的因扎吉用进球证明自己并没有输给岁月，也赢得了国家队主帅里皮的信任。

2006 年，里皮将因扎吉带到了德国，小组赛面对捷克，替补吉拉迪诺出场的因扎吉利用这唯一的出场机会，洞穿了切赫的十指关，打进了自己在世界杯决赛圈的唯一一个进球。柏林奥林匹克球场，因扎吉和队友们举起了大力神杯，站在世界的顶端，那个无所不能的超级皮波涅槃重生。

2006 年 8 月 9 日，他在自己 33 岁生日当天，用进球为 AC 米兰铺平了晋级欧冠正赛的道路。雅典之夜，对于因扎吉来说，更是如同梦幻。皮尔洛的

∧ 2012 年 5 月 13 日，意甲最后一轮，因扎吉在终场前 8 分钟打进制胜进球，为自己的职业生涯画上完美句号，进球后的他亲吻米兰队徽，跪谢球迷。

任意球在他的身上反弹入网；卡卡精准的直塞，因扎吉巧射破门，随后挥动双臂，肆意狂呼。在众神俯瞰的雅典奥林匹克球场，因扎吉成就了属于自己的神话，神之属地为他颤抖。

因扎吉在高举奖杯的马尔蒂尼身后偷偷拭去泪水，回首来时路，曾经的身影已经模糊，青春的梦早已不知飘落何处，但那漫天的烟火正是为他升起，那一刻的绚烂会让我们永远铭记。

冠军杯决赛后，因扎吉在接下来的欧洲超级杯和世俱杯上又收获三粒进球。此前在这三项决赛中都有进球的人只有克鲁伊夫和里杰卡尔德，而他们的进球数都比因扎吉少一个。

2008/2009 赛季，35 岁的因扎吉在对锡耶纳的比赛中打进了自己职业生涯的第 300 个进球。超级皮波还在奔跑，时光却拖慢了他的脚步，2010 年 11 月 4 日对皇家马德里的独中两元成为了超级皮波在欧洲战场上的绝唱，也让他在欧战进球数上超越劳尔和穆勒，为世界足坛写下了一段属于因扎吉的不老传说。

2011/2012 赛季最后一轮，因扎吉第 67 分钟替补出场，终场前 8 分钟，他接到西多夫传球打进制胜进球，为自己职业生涯最后一战画上了完美的句号。

有人说，我们没有见过飞翔的超人，但我们见证过超级皮波的进球。当他挥手告别，一切美好的记忆涌上心头，却也看到皱纹已经爬到当年那个皮亚琴察少年的脸上。

时光飞逝，有你的日子如同一道割不断的影子，每次回头都能看到它的痕迹。脱下球衣，换上西装，我们还能在教练席上看到那个曾经熟悉的身影，换一种方式相伴彼此，看着今天的皮波，回想起曾经的自己。

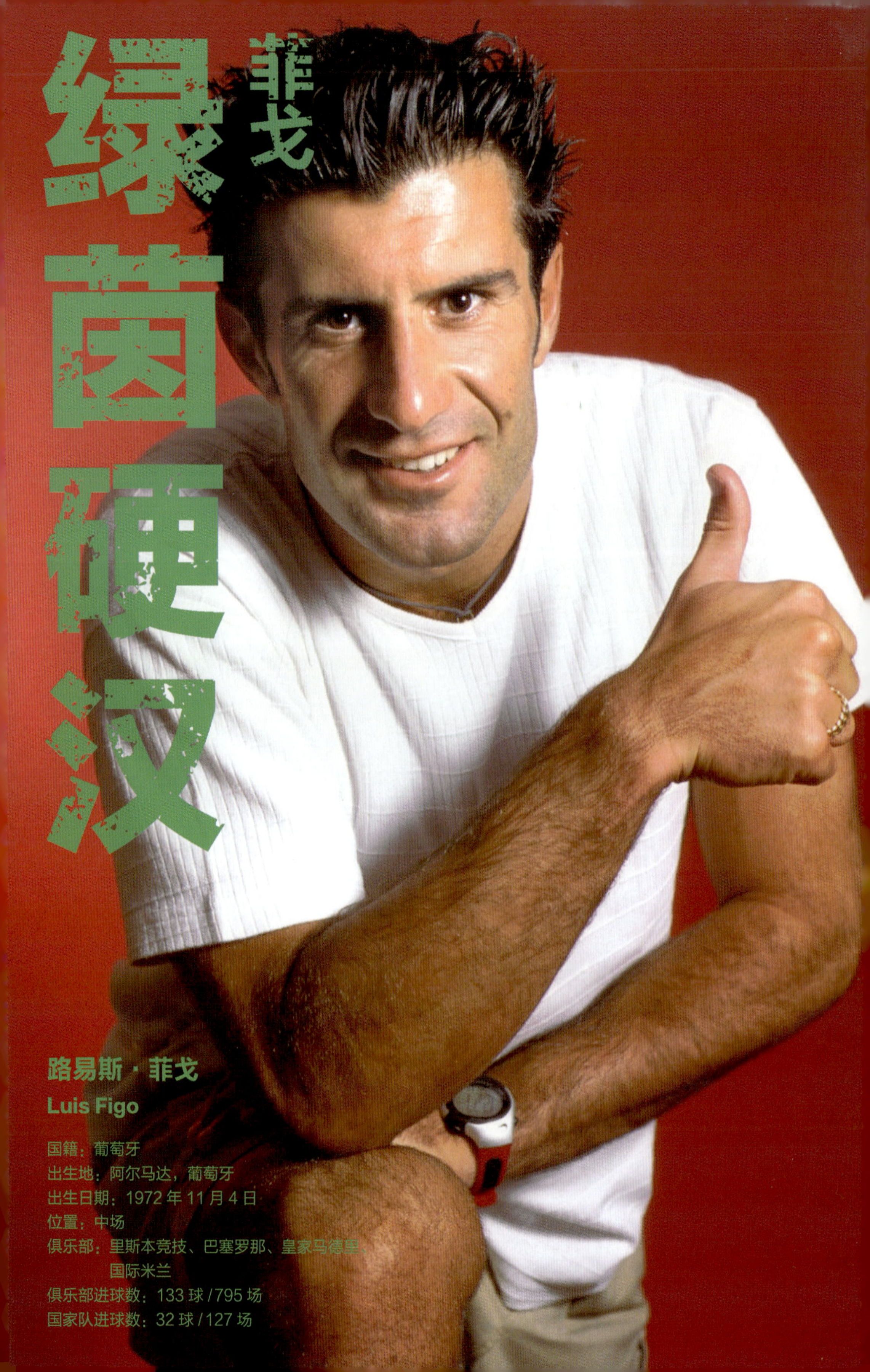

绿茵硬汉

菲戈

路易斯·菲戈

Luis Figo

国籍：葡萄牙

出生地：阿尔马达，葡萄牙

出生日期：1972 年 11 月 4 日

位置：中场

俱乐部：里斯本竞技、巴塞罗那、皇家马德里、国际米兰

俱乐部进球数：133 球 /795 场

国家队进球数：32 球 /127 场

总有一首歌，能让你想起他

>>>

歌名：Won't Be Broken
歌手：Keane

很多人对于菲戈的印象，几乎都和西班牙足球的两座死敌城市巴塞罗那和马德里有关。或许，1990年时，18岁的路易斯·菲戈还不会想到，自己职业生涯的命运会长久牵绊在同处于伊比利亚半岛的另一个国度。

葡萄牙的里斯本竞技俱乐部是18岁的菲戈开始足球梦想的地方，他的启蒙教练曾经真情流露：对于菲戈，无论是队友还是对手，都应该小心地爱护他，因为他将是全欧洲最灿烂的球星。

菲戈的灿烂在他成为职业球员之前其实就已经展露给了世界，就在跟里斯本竞技签下职业合同前不久，青年菲戈和他的伙伴们在1991年世青赛上惊艳了世界足坛，这批葡萄牙青年才俊的表现，被看作是未来世界足坛主宰者的雏形展示。

至少葡萄牙人是这么想的。或许在大航海时代之后，葡萄牙人一直渴望着在某一领域重温走向世界、征服世界的美梦，而菲戈的出现显然提升了葡萄牙球迷的满足感。在里斯本竞技的几年，他标志性的边路突破和极强的脚下控球技巧催生了葡萄牙人心中又一个足球领袖的形象。当然，菲戈愈渐增强的魅力信号早已穿越了9.2万平方公里的葡萄牙，等来欧洲最高平台的召唤只是时间问题。

1995年，在距离里斯本1300公里外的巴塞罗那，荷兰足球教父克鲁伊夫正在着力打造自己麾下的红蓝“梦之队”，而队中绝对核心米歇尔·劳德鲁普的离开让他必须在短时间内找到替代人选，能够和整支拥有欧式战术打法并且兼具南美技术优势的红蓝军无缝衔接。克鲁伊夫很快就锁定了路易斯·菲戈，并且笃定这个23岁的年轻人将会是巴塞罗那的又一面旗帜。

球风硬朗中透着细腻，菲戈很快就让诺坎普球迷从失去大劳德鲁普的遗憾过渡到了拥有菲戈的幸福中。而当葡萄牙人为巴塞罗那队拿下西班牙国王杯时，菲戈已经赢得了巴塞罗那整座城市的信任，也赢得了红蓝军的队长袖标。

不得不说，菲戈天生就适合做队长，在葡萄牙国家队和巴塞罗那都是这样。在巴萨之后的几年，队长菲戈在这座城市已经赢得了所有可以言说的美誉，所以，当巴萨迎来百年华诞，菲戈理所应当地和俱乐部历史上诸多里程碑式的巨星一起，被当作是百年巴萨的形象大使而载入史册。那个时候似乎很容易就能得出结论，菲戈将和当年的克鲁伊夫一样长留巴塞罗那，成为专属于这座城市的传奇。

现在看来，想阐释菲戈为何突然舍弃巴塞罗那的万千爱戴而头也不回地投奔银河战舰着实有些摸不着头绪，不过，有这样一种说法听上去更可信。这要从 2000 年的欧洲杯说起，从葡萄牙“黄金一代”说起。

在那届欧洲杯上，菲戈是除齐达内之外表现最耀眼的球员，不只是因为他在对阵英格兰时那技惊四座的远射，而是与他共同踢着“性感足球”的葡萄牙“黄金一代”。在那届杯赛还未结束之时，手握四强成绩单的葡萄牙众球星纷纷得到了欧洲各大球会的重金聘礼，而作为“黄金一代”的领军人物，菲戈自然有了和巴萨谈涨薪条件的资本，可惜，不愿打破队内薪资平衡的巴萨主席努涅斯拒绝了菲戈的要求。

与此同时，在马德里，弗洛伦蒂诺正为竞选新任皇马主席而四处奔走，他立刻感知到了巴塞罗那的风吹草动，于是主动联系菲戈，许诺为他开出天价，态度之诚恳让葡萄牙人无法拒绝。相比之下，巴萨俱乐部对菲戈的无动于衷被菲戈看作是对自己的不重视，于是，他转身和弗洛伦蒂诺草签了一份加盟协议，这份协议的违约金高达 3000 万美元。之后故事的发展就显得顺理成章，手握菲戈加盟的砝码，弗洛伦蒂诺成功当选皇马主席，而始终无法和巴萨达成友好共识的菲戈在巨额违约金的压力下并没有别的选择，也正是在这样复杂的背景下，菲戈上演了那次举世闻名的“世纪叛逃”。

爱之越深，恨之愈切。2000 年 10 月 23 日的诺坎普球场，对于身穿皇马球衣前来参加国家德比的菲戈来说如同地狱一般，他在角旗区所经历的

∧ 在巴萨迎来百年华诞之时，菲戈同俱乐部历史上的许多里程碑式的巨星一起，被当作百年巴萨的形象大使而载入史册。

∨ 2000 年欧洲杯对战英格兰，菲戈打进了这脚精彩绝伦的远射，葡萄牙队的“性感足球”惊艳了世界。

∧ 2001年5月9日，欧冠半决赛第二回合，皇马客场挑战拜仁，菲戈进球帮助球队扳平比分。不过皇马最终1比2落败，无缘决赛。

< 2006年世界杯小组赛，葡萄牙队2比0击败伊朗，菲戈与罚进点球的C罗共同庆祝。这届世界杯是菲戈最后一次为国家队保驾护航，他可以微笑着退下戎装，因为他看到了那个年轻的脸庞，可以扛起葡萄牙足球未来的希望。

∨ 2009年5月31日，菲戈最后一次代表国际米兰出战，他高举意甲冠军奖杯，接受着队友最后的致敬。

一幕让他至今难忘。在当时，他本人就是地狱中被巴塞罗那球迷诅咒的魔鬼，对此，菲戈，保持了沉默。

回到伯纳乌，菲戈，又回到了天堂。

在这里，球场上的菲戈变得成熟，变得更具激情，也变得更加迷人。在这里，他让 2000 年的欧洲金球奖变得众望所归，在这里，他用世界足球先生的奖杯圆满了葡萄牙足球人的梦想，当然，还有一座联赛冠军和一个欧冠冠军，让伯纳乌的朝拜者们久久沉醉。

站在银河战舰的舰桥上，菲戈抵达了巅峰，但是，他似乎也逃不开盛极而衰的自然规律。2002 年世界杯之后，弗洛伦蒂诺一年一巨星政策如同黑云压城一般，让菲戈难以从容适应。年过 30 的菲戈逐渐成为皇马主席手中的一颗弃子，即便是 2004 年，菲戈率领葡萄牙在本土的欧洲杯上用亚军宣告王者归来，也没有改变他在功利至上的伯纳乌遭到清洗的命运。

2005 年，米兰城，便成为了路易斯·菲戈职业生涯最后的驿站。

亚平宁的烈日骄阳似乎是菲戈继续保持激情的动力源泉，有人说，他在这里焕发了第二个运动青春。他自己却说："我其实从未失去自我，只是别人太习惯于曾经那个最好的菲戈，不愿看到我有一天告别足球。我也不想。"

但是，没有结局的故事，不会有人记得情节是多么地引人入胜。当菲戈帮助蓝黑军团打开了第二个大国际时代的城门，他也终于可以将职业球员的角色戏码收进自己的回忆当中。当他在 2006 年世界杯最后一次为葡萄牙国家队保驾护航之后，他也可以微笑着退下戎装，因为他看到了那个年轻的脸庞，可以扛起葡萄牙足球未来的希望。

葡萄牙的天才球员并不如泉涌一般源源不断，他们总是契合时代的需要鹊起江湖。对于能够读懂他心路的 70 后、伴随他成熟的 80 后、膜拜他成就的 90 后们来说，菲戈可以给我们对于青春不同阶段的美好追忆，而对于那些未能见证菲戈巅峰的后来者，不要为这美好的错过而遗憾，只需记住，曾经有一段热情似火的传奇叫路易斯·菲戈。

钢铁战士

内德维德

帕维尔·内德维德

Pavel Nedved

国籍：捷克
出生地：海布，捷克斯洛伐克
出生日期：1972 年 8 月 30 日
位置：中场
俱乐部：布拉格杜克拉、布拉格斯巴达、拉齐奥、尤文图斯
俱乐部进球数：141 球 /642 场
国家队进球数：18 球 /91 场

总有一首歌，能让你想起他

>>>

歌名：Unstoppable

歌手：The Calling

“我战斗，我存在。”这就是内德维德的最好写照。

《勇敢的心》是他最喜欢的一部电影，正像影片中勇猛的威廉·华莱士一样，内德维德就是足球场上刚强的战士。在他的眼神中，似乎有一种像坚冰一样透彻而坚决的光芒，那是一种对胜利的渴求。在他的字典里，没有后退；在他的面前，目标只有一个，就是对手的球门，冲破面前一切的阻碍，只为那最后致命的一击。

1996 年欧洲杯上，除了捷克球迷，几乎没有多少其他国家的球迷知道内德维德的名字，尽管在那以前，他已经在捷克的布拉格斯巴达队获得了三个捷克联赛冠军和一座捷克国家杯的奖杯。

当他在面对 1994 年世界杯亚军意大利队开场五分钟就打进一球后，内德维德这个名字也开始走进中国球迷的视线。尽管在决赛中负于德国，但内德维德已经吸引了足够的目光，曾因家庭条件放弃冰球训练的金发少年开始走上足球巨星之路。

带着欧洲杯的星光，内德维德在同胞泽曼的召唤下来到意大利，加盟拉齐奥。捷克球迷说：“陆地上最强的战士开始了在意大利的征程。”

他不是中场发动机，却能用自己的方式穿透防线；他不是射手，却在第一个意甲赛季成为拉齐奥第三射手。在亚平宁混凝土式的防守下，他硬朗的球风换来的是强硬的对抗，当内德维德一次次被对手凶狠地掀翻在地时，他总会默默地从地上站起来重新投入战斗。他要告诉所有人，在他的信念里没有屈服，没有懦弱，每一次从跌倒的痛苦中站起来，就是一次洗礼，一次重生，他那像冰一样坚毅而纯洁的眼神正在慢慢地融化意大利和全世界球迷的心。

内德维德征服了球迷，更征服了接替泽曼的埃里克森。1997/1998 赛季，内德维德和拉齐奥一起赢得了意大利超级杯，第二个赛季，他又和球

1996 年欧洲杯，捷克队是最大的黑马，他们在小组赛中 2 比 1 击败意大利，内德维德开场只有 5 分钟便为球队首开纪录。

队一起捧起欧洲优胜者杯和欧洲超级杯，然而，1999/2000 赛季的联赛冠军也许是最令他刻骨铭心的荣誉。那是一次拉力赛般的较量，最后一轮，当尤文图斯 0 比 1 负于佩鲁贾的消息传到罗马奥林匹克球场，内德维德终于可以和队友一起欢庆。时隔 26 年，拉齐奥再次捧起意甲冠军奖杯，那一年正是俱乐部成立百年华诞。

当时，意大利的电视中经常会出现一个有着钢铁心脏的“机器人吉格”的形象，而在赢得了联赛冠军后，拉齐奥的球迷就把“钢铁心脏”这个名字送给了内德维德，因为在他们心中，内德维德就是一名钢铁铸就的绿茵战士。

身披天蓝色战袍，他留下了太多令人难忘的画面：罗马德比，他的力挽狂澜；面对佛罗伦萨，他在禁区内倒地却向裁判示意对手没有犯规拒绝点球，赢得了为公平竞赛精神喝彩的掌声。

1998/1999 赛季欧洲优胜者杯决赛，拉齐奥队 2 比 1 击败马洛卡队夺冠，内德维德在终场前 9 分钟攻入制胜进球。

但在内德维德看来，“作为一名球员，最大的荣耀当然是身穿国家队的战袍为自己的祖国效力。”2000 年欧洲杯，与荷兰队的比赛进行到最后时刻，面对光头裁判科里纳判给对手的争议点球，内德维德投诉无果后近乎绝望地跪倒在禁区内。一个不会被任何伤痛击倒的高傲的钢铁战士为了球队的命运，不惜低下自己高贵的头，在内德维德的脸上写满了悲壮。

拉齐奥的克拉尼奥蒂金钱王国崩塌的时候，内德维德成为了筹集资金挽救俱乐部的砝码之一，他依依不舍地离开，却开创了在尤文图斯的铁血时代。2001/2002 赛季，内德维德身披尤文图斯的黑白间条衫出现在奥林匹克球场的时候，全场的欢呼和掌声说明了一切：内德维德曾经是这里的英雄，并且永远是这里的“钢铁心脏”。

作为齐达内的替代者，捷克人没有优雅的球风，却让球队更加强悍。2001—2003 年的两个赛季，他帮助球队蝉联意甲冠军，当齐达内随皇马

∧ 2002 年 4 月 21 日，尤文图斯客场 1 比 0 击败皮亚琴察，内德维德第 87 分钟打进了全场比赛的唯一进球。

< 2002/2003 赛季欧冠半决赛第二回合，内德维德攻入一球，帮助尤文图斯淘汰皇马闯入决赛。然而，一张致命的黄牌让他错过了最后的决赛，硬汉的泪水诉说着命运的无奈。

∨ 2006 年世界杯最后一轮小组赛，捷克 0 比 2 不敌意大利，三战皆败被淘汰出局，内德维德单膝跪地掩面而泣。

回到都灵，球迷打出的标语上写着："对不起，齐达内，现在我们更爱捷克人"。

2002/2003 赛季欧冠半决赛，内德维德铁骑闯关，帮助尤文图斯淘汰了齐达内的皇马，但一张致命的黄牌却让他错过了最后的决赛，硬汉的泪水诉说着命运的无奈。老特拉福德之夜，如果有了内德维德，一切是否会变得不同?

还是一场半决赛，2004 年在葡萄牙举办的欧洲杯，捷克队被最终的冠军希腊队挡在了决赛的大门外，内德维德两次距离欧洲之巅如此接近，又只能心有不甘地成为决战的看客。

在 21 世纪初的尤文王朝时代，内德维德撑起了球队的中场脊梁。2006 年，他第一次走上世界杯的舞台，面对意大利，面对着联赛中的对手和队友，他拼尽全力却独木难支，铁人跪倒在球场中央，随后与卡纳瓦罗紧紧相拥，告别了自己的世界杯赛场。即便在 2006 年尤文图斯因"电话门"被降级，他依旧不离不弃，就像当年在拉齐奥时一样诠释着忠诚的含义。2006/2007 赛季，他用 11 个进球帮助尤文图斯打回意甲，并在一年后和球队一起重新回到冠军联赛，但是在 2009 年夏天即将到来的时候，内德维德却选择了暂时停下脚步。

也许是命运的故意安排，也许是纯粹的巧合，内德维德在斑马军团的最后一场比赛，对手正是他初登亚平宁时效力的拉齐奥。这是两支承载了内德维德太多成长回忆的球队，十三年的风雨让这位曾经的毛头小子的脸上增添了许多沧桑，也写下了属于他的辉煌。

而今，每当他出现在尤文图斯的看台上，人们依旧可以清晰地记起他如同熊熊燃烧的火焰般的斗志，在烈火中铸造的是更为坚强和勇猛的战士，在他那坚冰般的眼神中是对胜利更加炽热的渴求，就像骑士永远不会放下手中那柄象征着勇气和信念的长剑，那是他用生命磨砺出的尖锋。

艺术大师

齐达内

齐内丁·齐达内

Zinedine Zidane

国籍：法国

出生地：马赛，法国

出生日期：1972 年 6 月 23 日

位置：中场

俱乐部：戛纳、波尔多、尤文图斯、皇家马德里

俱乐部进球数：125 球 / 681 场

国家队进球数：31 球 / 108 场

总有一首歌，能让你想起他

>>>

歌名：The Best of Me
歌手：Ronan Keating

有人说，齐达内是20世纪最后的艺术大师。也有人说，齐达内是21世纪的一幅肖像。中国的球迷叫他“齐祖”，尽管这只是一个音译过来的昵称，但听上去却又是那么传神，因为这个男人赋予了足球艺术新的生命力。球场上从来不缺少艺术家，但艺术大师却只有齐达内一个。

提起齐达内，人们总会想到法国队的齐祖，皇马的齐祖，尤文的齐祖，但我们的记忆中却很少保留那个身在戛纳与波尔多的齐祖，那里却是一代艺术大师梦开始的地方。

直观地讲，年少的齐达内还有着一头浓密的黑发，而不是我们印象中的光头。年少的齐达内，在打入法甲首球后，会像个孩子一样跳舞庆祝，那是他献给女友维罗妮卡的礼物，后来美丽的维罗妮卡成为了齐达内的妻子。戛纳，这个因电影节而闻名世界的小城，每年都会容纳璀璨的星光，但他们的球队却无法将齐达内的艺术天才私自珍藏，波尔多对于齐达内而言是个更大的舞台。

在波尔多，齐达内第一次站在了欧洲的赛场上，联盟杯对阵贝蒂斯的半场吊射让整个欧洲为之惊叹。在这里，他练就了精湛的远射技艺，练就了后来灵光闪现的头球本领，练就了以他故乡名字命名的过人绝技——马赛回转。更重要的是，人们已经发现，这个年轻人拿球带球的每个瞬间都如同波尔多人酿造的红酒一样，让人回味无穷。

1996年夏天，意甲豪门尤文图斯将齐达内带到了亚平宁的赛场，他被人们寄予“普拉蒂尼二世”的厚望，因为整个意大利都看到了这一年他如何统领波尔多在联盟杯淘汰AC米兰，看到了他身穿法国队10号球衣驰骋1996年欧洲杯的赛场。

在铁卫丛生的意大利实用主义打法中，齐达内超强的技术能力在里皮的体系中依然有的放矢，尽管这里的人们不太关心他的优雅控球与马赛回转，齐达内也并非球队的绝对领袖与精神象征，但他却是尤文连续两个赛季拿下联赛冠军的一块重要拼图。对于一个初登意甲的外援来说，这样的成绩无疑是成功的。

如果说在尤文王朝，齐达内只是众多功勋大臣中的一员，那么在法国国家队，他就是一呼百应的国王。1998 年的法国世界杯，齐达内真正让世界认识了他。在法兰西大球场修建的过程中，齐达内先后 18 次到访这里，或许那时的他已经在冥冥之中感觉到，这座球场会是日后成就齐达内、成就法国足球的神圣殿堂。

但是，故事的开头却让人始料未及。齐达内在小组赛第二场因为踩踏沙特队长阿明而被红牌驱逐，禁赛两场。回到更衣室的齐达内，光着膀子，背对镜头，一动不动地站在原地，一张愚蠢的红牌将他与球场上的人声鼎沸隔成了两个世界。但是，这张红牌又是神奇的，这成为了齐达内书写传奇的开始。

和贝克汉姆相比，齐达内是幸运的，因为他有时间和机会完成救赎。法兰西大球场的决赛之夜，他用两记头球完成了从魔鬼到天使的蜕变，他从千夫所指的罪人变成了万人景仰的英雄，除了足球，没人能写出这样的剧本。

两年后的欧洲杯，齐达内与他的法国队一路高歌猛进，半决赛，齐达内的金点球帮助高卢雄鸡杀入决赛。在那场经典的欧陆大战中，92 分 50 秒时，意大利人还是胜利者，但仅仅 13 分钟之后，齐达内的法国队成为了真正的凯旋者。凭借着国家队中的出色发挥，金球奖和世界足球先生的奖杯接踵而至，此时的齐达内坐拥大力神杯、德劳内杯，唯一所缺的便是一座欧洲冠军杯的奖杯。

在尤文的五年，齐祖总是与这座欧洲俱乐部最高荣誉的奖杯擦肩而过，这也成为了他最终离开尤文转会皇马的根本原因。在意甲的时光，齐达内不像马拉多纳可以让整个那不勒斯变成自己的独立王国，他也不像范巴斯滕，伤痕累累的双腿让世界为之心碎，他不像巴蒂斯图塔忠贞九年只为回报知遇之恩，他更不像前辈普拉蒂尼在意甲写就辉煌篇章。可是不要忘记，正是从意甲，这位世界足坛的艺术大师开始走向成熟，从而坚定地迈

∧ 1996 年 12 月 1 日，尤文图斯在意甲联赛中 1 比 0 击败博洛尼亚，齐达内打进唯一进球之后，同队友博克西奇共同庆祝。

∨ 1998 年世界杯决赛，在将球第二次送入巴西队大门之后，齐达内亲吻法国队的蓝色战袍，法兰西大球场沸腾了。

∧ 在夺得 2000 年欧洲杯之后，齐达内坐拥足球世界最让人艳羡的两座冠军奖杯——大力神杯和德劳内杯。

∧ 2003 年 8 月 27 日，皇家马德里同马洛卡的西班牙超级杯第二回合比赛，菲戈、罗伯特·卡洛斯、罗纳尔多、齐达内、贝克汉姆组成了“史上最贵人墙”。

向下一个职业生涯的巅峰。

2001 年的夏天，齐达内以当时的世界第一身价 6440 万美元转会皇马，由于银河战舰群星璀璨，齐达内只能放弃象征球队核心的 10 号，而改穿 5 号，一切对他而言都是新的开始。

但是，他的盘带依旧能够兼顾实用与华丽，他的传球依然能将不可能变成可能，他的进球依然能够一粒粒接踵而至，皇马球迷都在感叹，当初那接近 7000 万美元的花费绝对是物超所值。而对于此时的齐达内而言，那个心心念念的欧冠奖杯也在一步步向他靠近。

终于，2001/2002 赛季，皇马与勒沃库森会师欧冠决赛，在那个夜晚发生的一切已经无需赘述，为大场面而生的齐达内再次主宰了比赛。那一刻，上帝将左脚借给了他，才打出了那脚不可思议的天外飞仙。格拉斯哥的大雨里，齐达内终于修成正果，捧起了欧冠的冠军奖杯。

但银河战舰在此后几个赛季的沉没却让人难以捉摸，齐达内依然踢着充满观赏性的足球，他甚至还会为了一个国家德比的进球而毫无顾忌地撞

∧ 手捧欧冠冠军奖杯，齐达内终于修成正果，获得了个人以及集体荣誉的大满贯。

< 2001/2002 赛季欧冠决赛，齐达内弯弓搭箭，一记天外飞仙攻破勒沃库森队的大门。

∨ 终场哨响，齐达内心心念念的欧冠冠军梦终于成真。

上门柱，但皇马却始终和冠军无缘。

2006 年 5 月 7 日，皇马球迷迎来了告别齐达内的时刻，齐祖用一个进球作别了他的伯纳乌生涯，而伯纳乌的球迷则在看台上高呼："裁判，请不要吹停比赛。"他们还想多看齐达内一眼，因为没有齐达内的伯纳乌，将在未来的日子里，缺失一份华丽，缺失一份经典。

而对于齐达内真正的告别，则来自于 2006 年德国世界杯的夏天。2002 年的韩日世界杯，人们对齐达内的记忆是那个冲向摄像机扶着膝盖而跌倒的齐达内，他是那么的要强，却又那么的无助，冰冷的淘汰无法改变。2004 年的欧洲杯，齐祖留下了绝杀英格兰的豪迈，却也难以抵挡希腊神话的魔力，他征服过的战场，也曾留下他跌倒的足迹。但无论如何，这一次，会是齐达内与世界足坛最后的诀别。

从踏入 2006 年世界杯赛场的第一步起，每一步都是那么重要，每一个 90 分钟都有可能要迎来告别，而每一个对手也都有可能为齐达内职业生涯的最后结局一步步揭晓答案。

第一场面对瑞士，一张黄牌是齐达内全部的表现。第二场迎战韩国，又一张黄牌，形同梦游的齐达内将错过出线生死战。而那一战不仅仅将决定法国队的命运，也有可能终结齐达内的职业生涯，那天还是齐达内 34 岁的生日。好在法国队还有维埃拉，还有亨利，他们的进球帮助法国队 2 比 0 击败多哥队，艰难杀入十六强。更重要的是，他们避免了让齐达内的生日成为他职业生涯的终点。

于是就有了后来的故事，就像 1998 年世界杯一样，齐达内开始后发制人。他用两个进球与两个助攻先后将皇马队友劳尔的西班牙队、罗纳尔多的巴西队以及菲戈的葡萄牙队一一送别。

只是，八年之后，曾经世界杯的决赛英雄再次成为了"罪人"，马特拉齐扮演了那个激怒天使的恶魔，齐达内的职业生涯以一种最意想不到的方式终结。走下赛场的一瞬，大力神杯曾与他咫尺相望，他看上去平静如水，但无数人在那一刻为他心伤。

结束了就不会再回来，你可以说他是一个时代的象征，也可以说他是

▲ 2006 年世界杯决赛，齐达内怒发冲冠，一头顶向对他出言不逊的马特拉齐。

一个时代的终结。齐达内在过去的岁月里也可以看作是一趟承载了太多希望的列车，他曾经多次在我们的心灵驿站上驻足停留。这趟列车留下了多少金色的行囊，留下了多少闪光的轨迹，留下了多少匆匆的过客，又留下了多少深情的回忆！

如今，当我们目送他远去，那渐渐消失在视线尽头的若隐若现的车辙，足以代表他走过的大师足迹。他就那样曾经让我们爱过、恨过、笑过、哭过、痛过、欢喜过、悲伤过、失去过、得到过、激动过、幸福过、成功过、失败过，最重要的是，无论他用什么样的方式，最终又会走向何方，我们都要感谢他，曾经陪我们一起走过。

∧ 齐达内染红下场，与大力神杯擦肩而过，他的职业生涯以这种最不可思议的方式结束。

桑巴鬼才

里瓦尔多

里瓦尔多

Rivaldo

国籍：巴西

出生地：保利斯塔，巴西

出生日期：1972 年 4 月 19 日

位置：中场

俱乐部：圣克鲁兹、莫吉米林、科林蒂安、帕尔梅拉斯、
拉科鲁尼亚、巴塞罗那、AC 米兰、克罗塞罗、奥林匹亚科斯、
雅典 AEK、缔造者、圣保罗、卡布斯科普、圣卡埃塔诺

俱乐部进球数：291 球 /636 场

国家队进球数：35 球 /74 场

总有一首歌，能让你想起他

>>>

歌名：What about Now
歌手：Westlife

桑巴足球的世界如同一个缤纷的万花筒，就像巴西人奔放自由的性格一样，他们的足球也像无拘无束的海风般莫测，这里孕育了不同风格的球员，华丽如贝利、济科，沉稳如苏格拉底、邓加，犀利如罗马里奥、罗纳尔多。在这些熠熠生辉的名字中，里瓦尔多并不是最闪耀的那颗星星，甚至让人觉得腼腆、另类，但他却在巴西足球的历史长河中留下了难以磨灭的印记。

出身贫寒的里瓦尔多没有引以为傲的身体条件，但是凭借对足球的热爱，他从 17 岁开始了职业生涯，并用四年的时间从家乡小球队走上了巴甲的舞台。

1996 年亚特兰大奥运会，刚刚度过 24 岁生日的里瓦尔多因为两次带球失误被尼日利亚人扳平比分，巴西队最终被淘汰，他也因此被看作球队失利的罪人。

但正是奥运会上释放出的光彩，让他吸引了欧洲球队的目光。在登陆西甲加盟拉科鲁尼亚之后，他用 21 个进球为自己拿到了豪门球队的通行证，也让自己用球衣蒙头庆祝的方式深入人心。

1997 年夏天，里瓦尔多穿上了巴塞罗那的球衣，俱乐部希望用他替代离去的罗纳尔多，而他则在那个赛季的西班牙国家德比中用一传一射证明了自己的价值。19 个联赛进球并不是最大的收获，1997/1998 赛季，他与巴萨一起成为了西甲联赛和国王杯的双冠王，这在 1959 年后的巴萨编年史中是第一次出现。

这样的王者气质让里瓦尔多得以身披桑巴军团的 10 号球衣征战世界杯，1998 年的法兰西之夏，他在面对丹麦的比赛中独中两元，宣判了丹麦黄金一代的谢幕。最终，拥有“外星人”罗纳尔多的巴西队遗憾地获得亚军，尽管罗纳尔多在当时大红大紫，但在那届世界杯上，里瓦尔多只比罗尼少进一个球。

< 2000/2001 赛季西甲最后一轮，在巴萨同巴伦西亚争夺欧冠席位的生死战中，里瓦尔多最后一分钟攻入惊世倒钩，进球后的他脱衣庆祝，身旁的普约尔更是一跃而起。

V 2002 年世界杯，里瓦尔多是巴西队内的第二射手，他同罗纳尔多一样，是巴西队捧杯的最大功臣。

无论在俱乐部还是国家队，里瓦尔多都无数次用令人惊叹的方式攻破对手的球门。与曼联 3 比 3 的酣战，他一次任意球、一次倒钩逼退红魔。1999 年美洲杯，虽然小组赛一球未进，但进入淘汰赛后，里瓦尔多将比赛变成了自己一个人的秀场。他的连续进球帮助桑巴军团先后淘汰阿根廷、墨西哥，又在决赛面对乌拉圭时独中两元，巴西队蝉联冠军，里瓦尔多独揽赛事金球奖和金靴奖。

那是丰收的一年，联赛冠军、美洲杯冠军之后，西班牙年度最佳球员、世界足球先生、欧洲金球奖的桂冠接踵而至，那段日子，球场上奔跑的是最好的里瓦尔多。

你一定记得 2000/2001 赛季最后一轮，巴萨与巴伦西亚直接交手争夺欧冠资格，那场生死大战，几乎是里瓦尔多俱乐部生涯最高光的演出。只有获胜才能进军欧冠的时刻，里瓦尔多横刀立马，一次远射，一次任意球破门。当时间所剩无几，比分僵持在 2 比 2 时，最后一分钟，里瓦尔多的倒钩破门宛如神来之笔，巴塞罗那起死回生，诺坎普球场十万人齐声高呼"圣里瓦尔多"，震耳欲聋，荡气回肠。

这样的酣畅淋漓同样出现在 2002 年世界杯的赛场，在遥远的东方，巴西队"3R 组合"无坚不摧，里瓦尔多依旧是巴西队仅次于罗纳尔多的第二射手。很多人记住了他在对阵土耳其时，一次在角旗边、一次在禁区外狡猾的表演都骗过了裁判，但人们更会记得，无论面对比利时还是英格兰，都是他为球队打进关键进球。决赛中罗纳尔多的两粒进球，背后也都有里瓦尔多的影子。卡福捧起世界杯，罗纳尔多拿下金靴，里瓦尔多同样居功至伟。

2002 年的辉煌让里瓦尔多迎来荣誉的又一个巅峰，但这份喜悦很快就被冲淡。荷兰主帅范加尔的到来让里瓦尔多在巴萨的前景蒙上阴影，巴西鬼才选择离开。来到圣西罗球场，红黑军团的中场四大 10 号球星（里瓦尔多、鲁伊·科斯塔、皮尔洛、西多夫）成为了意甲独特的风景，不过里瓦尔多却没有在 AC 米兰跳出曾经华丽的绿茵舞蹈。

在 AC 米兰的一个多赛季时间里，他在联赛中仅仅打进 5 球，也为球队直接带来了 7 分。跟随红黑军团，里瓦尔多获得了自己的第一个冠军杯冠

∧ 2002 年 11 月 3 日，AC 米兰主场 2 比 0 击败雷吉纳，里瓦尔多同因扎吉各入一球。

∨ 2014 年 1 月 22 日，同在莫吉米林队效力的里瓦尔多父子并肩作战，父子同台，这是里瓦尔多职业生涯末期的最大心愿。

军，但在决赛中一直坐在替补席上的他深知，这座奖杯并不真正属于自己。在获得欧洲超级杯冠军后，里瓦尔多提前解除了合同，告别红黑军团，也彻底告别了足球的中心舞台。

离开亚平宁的里瓦尔多追随恩师卢森博格回到巴西，却因为恩师的提前离去，连续第三次与效力的球队提前解约，巴西国家队也向 34 岁的他关上了大门。2004 年，里瓦尔多加盟奥林匹亚科斯，帮助球队连续三次问鼎希腊联赛冠军。此时的里瓦尔多已经到了人们眼中职业生涯的暮年，奥林匹亚科斯俱乐部认为他年龄太大，希望降薪续约，被倔强的巴西人拒绝，转而加盟希腊的另一支劲旅雅典 AEK，之后便是不停地漂泊。

乌兹别克斯坦的缔造者队留下过他的足迹和联赛三连冠，在亚冠的赛场上也曾有过他的闪光。40 岁的年龄，他回到巴西加盟圣保罗，而之后加盟的卡布斯科普和圣卡埃塔诺队，对于绝大多数球迷来说都是极为陌生的名字，里瓦尔多的名字也随着时间慢慢被人淡忘，甚至很多人以为他早已退役了。直到 2014 年，一则父子同场竞技的消息传来，人们才忽然想起，原来里瓦尔多依旧在足球场上奔跑。

父子同台，这是里瓦尔多职业生涯末期的绿茵夙愿，短暂的退役归来，他甚至和儿子在同一场比赛中双双破门，尽管那只是一场乙级联赛。当 43 岁的他与儿子紧紧拥抱，队友朝圣般的膜拜时，那种纯真的快乐无与伦比。

也许此时，人们才意识到，在里瓦尔多看似冰冷的眼神背后，有着如此浓烈质朴的情感，只是他不善表达，就像球场上的他，拥有一身绝技，却始终隐藏在巨星的身后。对他来说，足球是一份职业，坚守是为了自己的家庭，足球又是一种信仰，引领着他生活的方向。

有人说，里瓦尔多是巴西足球史上的一位鬼才，他没有出众的外表，也没有绯闻环绕，却用自律和勤勉换来更长的职业生命；他的名字从未被写在荣誉簿的第一位，却在 25 个冠军的征途中立下汗马功劳。而今，诺坎普之王已归属他人，桑巴军团的 10 号也早已有了新的主人，但那荡气回肠的惊世倒钩，那登顶世界的桑巴传奇仿佛就在昨天。

对于懂得欣赏他的人，里瓦尔多的名字无可替代。

不老的传说

范德萨

埃德温·范德萨

Edwin van der Sar

国籍：荷兰

出生地：沃尔豪特，荷兰

出生日期：1970 年 10 月 29 日

位置：门将

俱乐部：阿贾克斯、尤文图斯、富勒姆、曼联

俱乐部出场次数：820 场

国家队出场次数：130 场

总有一首歌，能让你想起他

>>>

歌名：Beautiful Goodbye
歌手：Maroon 5

2008年5月21日，大雨中的莫斯科卢日尼基球场，欧洲冠军杯决赛史上的首次英伦德比已至点球大战第七轮，几分钟前，特里的点球击中立柱，给了曼联重生的机会。37岁的门将范德萨站在门线前，重重地击掌，怒吼，将阿内尔卡的点球拒之门外，曼联时隔九年后重返欧冠巅峰。

这同样是范德萨本人的重生之旅。13年前，24岁的他曾在阿贾克斯登上欧冠宝座，那是他足球生涯初期的辉煌，那一代出色的阿贾克斯球员，在相继拿下冠军杯和丰田杯后，开始了逐个转会的远行之路，而范德萨，是黄金一代中最后一个选择离开阿贾克斯的。

28岁转会意甲豪门尤文图斯的时候，范德萨已是荷兰的一号国门。在1998年世界杯上，橙衣军团表现神勇，2000年，他们更是在家门口势如破竹志在夺取欧洲杯，然而这两届大赛，他们都是在半决赛中输在了点球大战上，飞翔的荷兰人连续遭遇悲情谢幕，给范德萨的心中留下了无尽的遗憾。

他之后的足球生涯是走下坡路的，在尤文图斯，1999/2000赛季最后一轮在佩鲁贾的大雨中失去冠军。一年后，范德萨在与夺冠竞争对手罗马队的直接对话中扑救脱手，让斑马军团提前与冠军无缘，正是这次失误，也加速了尤文下决心引进布冯而抛弃范德萨的进程。

谁也不会想到，伦敦的小球会富勒姆会成为范德萨的下一个舞台，那真是31岁的范德萨一段远离尘世的日子，在英超星光的笼罩下，很少有人会关注一支中下游球队。范德萨在富勒姆一待就是四年，其间，他依然是荷兰的一号国门，在2004年欧洲杯上身手矫健，同瑞典的1/4决赛点球决战中扑出关键点球，帮助橙衣军团终破点球不胜魔咒。尽管如此，但人们依然普遍认为，那个时代会是范德萨职业生涯的终点，因为那时候，他已经临近35岁高龄。

2005年夏天，一桩意外的转会却改变了范德萨的职业生涯。200万英镑的低价，范德萨空降老特拉福德。在失去舒梅切尔的六年内，弗格森遍

▲ 1994/1995 赛季，阿贾克斯勇夺欧洲冠军杯，闻名于世的阿贾克斯球星加工厂打造出包括范德萨、奥维马斯、德波尔兄弟、利特马宁等在内的黄金一代球员。

▼ 2006/2007 赛季，范德萨帮助曼联队夺得失去四年的联赛冠军，这是他辉煌红魔生涯的一个起点。

寻舒梅切尔的接班人，但无论巴特斯、博斯尼奇还是霍华德，都最终成为了曼联的匆匆过客。引进范德萨，也只被认为是一次临时的尝试，更像是一次冒险，弗格森还要继续寻找下去，范德萨应该只是一个过渡。然而这一次，所有的评论家都错了。

35 岁的范德萨，在曼联的表现从第一个赛季开始就焕发了生机，他冷静、稳定、经验丰富，因而在江湖中赢得美名“冷静猫”，他 1.97 米的身高站在门前，那惊人的气势已经令很多对手不寒而栗。

尽管曼联在第一个赛季并未撼动切尔西的优势，但 2006/2007 赛季，他们志在夺回失去四年的联赛锦标。范德萨在联赛尾声的曼市德比中有着决定性的表现，正是他在比赛临近尾声时，奋力救出瓦塞尔的点球，使曼联无限接近英超冠军。不久后，曼联如愿登顶，弗格森爵士苦苦寻找多年的舒梅切尔接班人，在看似最不可能的一个人选上竟然得以实现。然而这一切，都只是范德萨辉煌红魔生涯的一个起点而已。

2007/2008 赛季，范德萨在社区盾杯连扑切尔西三记点球，揭开了那个赛季曼联王朝走向荣誉巅峰的序幕。那真是一个梦幻般的赛季，早已改穿曼联 1 号战袍的范德萨做出了一个又一个惊人的扑救，一路守护着红魔，去挑战 1998/1999 赛季不可复制的光辉岁月。

在英超卫冕成功后，出现了那个堪称传奇的莫斯科雨夜，这是红魔又一次在走投无路的关卡下绝境逢生，新加冕的英超冠军，现在成为了新的欧洲冠军。时隔九年，弗格森的王朝再度欧冠登顶，而对于范德萨来说，阔别了 13 年的辉煌，他已从 24 岁到 37 岁，难以想象在这样长的一个时间跨度后，他竟然重回巅峰。

在一个月后的欧洲杯上，荷兰队连战连捷小组出线，第 128 次代表橙衣军团出场的范德萨，早已成为了荷兰足球史上出战次数最多的传奇。对俄罗斯的 1/4 决赛之后，他从国家队谢幕，荷兰足球长达 12 年之久的 1 号守护神，留下一个壮志未酬的背影。几个月后他曾短暂复出，130 场里程碑的国家队纪录至今保持着。荷兰球迷不言再见，在看台上打出了醒目的横幅:“范德萨，你是我们心中永远的 No.1！”

2007/2008 赛季欧冠决赛，曼联同切尔西进入点球决战，惊心动魄的点球轮盘赌之后，曼联队险胜夺冠，范德萨功不可没。

告别了国家队，38岁高龄的范德萨把全部的精力留给了曼联。2008/2009赛季，他创下了欧洲五大联赛中最长的不失球纪录：14场比赛，1308分钟。唯一的遗憾是冠军杯决赛负于巴塞罗那，没能实现第三次问鼎欧冠的奇迹。

2010年夏天，范德萨宣布，将在2010/2011赛季结束后退役。一段20年的漫长旅途即将走到终点，40岁的他并不服老，他只是希望能在巅峰中离开。正是这个赛季，范德萨以依然稳定的表现帮助曼联创造了新纪元，第19次登上了英格兰顶级联赛的冠军宝座。这纪录，让曼联超越了利物浦，成为历史上夺冠次数最多的英格兰球队。在最后一次代表曼联在老特拉福德作战的赛后，范德萨动情地说："六年前我来到老特拉福德，可能我是来晚了一点点，现在我真的希望能更早一些来。"

六年，范德萨成功地将自己的名字写进了曼联史册，他已不仅仅是舒梅切尔的接班人，而是比肩舒梅切尔，甚至超越舒梅切尔，成为了曼联历史上的又一位传奇门将。那时候的弗格森爵士，又要为寻找范德萨的接班人而费一番脑筋了。

温布利的欧冠决赛，成为了范德萨职业生涯的最后一战，四年三进欧冠决赛，六年四座英超奖杯，范德萨在自己职业生涯的末期写下了不老的传说。尽管在弗爵爷颤抖的双手中，曼联再次不敌巴萨，但告别范德萨的痛苦，似乎比失去冠军更让曼联球迷们心碎。

有人说这是不期而遇的六年，当一段艰难的重生之旅从35岁时开始，你怎能对他期望太多？然而这又是不可思议的六年，所有梦想就是这样神奇地出现了。感谢范德萨，感谢这六年，曼联有你，一生有你。

天生王者

卡恩

奥利弗·卡恩

Oliver Kahn

国籍：德国
出生地：卡尔斯鲁厄，联邦德国
出生日期：1969 年 6 月 15 日
位置：门将
俱乐部：卡尔斯鲁厄、拜仁慕尼黑
俱乐部出场次数：780 场
国家队出场次数：86 场

总有一首歌，能让你想起他

>>>

歌名：Unbreakable
歌手：Westlife

在他身前，伊尔格纳和科普克都曾将日耳曼人的坚毅发挥到极致，在他身后，莱曼和诺伊尔早早传承衣钵又各怀神技，但在德意志战车最引以为傲的门将位置上，没有人能比他更具代表——奥利弗·卡恩。卡恩被称为“狮王”、“野兽”、“巨人”，每一个绰号都是凶狠、霸气、不可战胜的代名词，仿佛身为德国门将，就该是他的样子。

雄狮怒吼，在战斗前已然摧毁敌手的信念，这就是卡恩的气势。他第一次被人关注，就是甩着金黄色的长发发出狮子般的怒吼，谁能相信他只有 18 岁，刚刚登陆德甲赛场。他有过很长久的替补岁月，在俱乐部三年，在国家队六年，但他没有青涩，没有彷徨，永远的坚毅目光，永远的冷峻面孔，好像他从来没有过 18 岁，好像他就是天生王者。

从家乡球队卡尔斯鲁厄转会拜仁慕尼黑，与其说是德甲豪门的慧眼识珠，不如说是他的王者气质太过显现。他创造了德甲门将的身价纪录，但与他为拜仁慕尼黑在 20 世纪末铸就的辉煌相比，1994 年的 240 万欧元相对于五年后他带给俱乐部的价值形同虚无。更何况，天生王者岂是金钱可以“买”来的？！

2000/2001 赛季德甲最后一轮，拜仁战平汉堡即可夺冠。巴巴雷茨却在第 90 分钟为汉堡队打破僵局，灰心的拜仁将士已经瘫倒在地，1999 年欧冠决赛场上崩盘式的功亏一篑似乎又将上演。只有卡恩，像狮子般怒吼着拽起队友，挥舞着双臂试图亲自冲到中圈开球。天生王者，不畏过往，不言放弃，不惧失败，更不乏信念。拜仁慕尼黑第 94 分钟上演补时进球，连续三年问鼎联赛冠军。

卡恩的王者之气，以一己之力也可以对抗三军。三次将巴伦西亚队的点球拒之门外，助拜仁时隔 25 年再立欧洲之巅，卡恩配得上一切英雄的礼遇，他理应享受王者般的簇拥，但在激情点燃的一刻，他却把手伸向了对

∧ 2000 年 4 月 12 日，拜仁争冠路上的一场关键之战，拜仁客场 2 比 1 逆转弗赖堡，卡恩血染疆场。

< 2002 年世界杯，卡恩一路护佑着德国队杀入决赛，但最终无奈地看着罗纳尔多领军的巴西队登顶，只留下一个落寞的背影。

∨ 2000/2001 赛季欧冠决赛，卡恩尽显王者之气，以一己之力对抗三军，三次将巴伦西亚队的点球拒之门外，帮助拜仁时隔 25 年再次夺得冠军杯。

方门将卡尼萨雷斯。没有人会比一名门将更能理解门将的落寞，胜负之别，一线之间，没有怒吼的狮王也是狮王，他不同情弱者，但他敬畏勇士。

德国人从来没有像此时一样，依靠一位门将实现梦想。在这之前，他们有克林斯曼、马特乌斯，有沃勒尔、布雷默和哈斯勒，2002 年世界杯，他们有卡恩。

尽管这是历史上实力最弱的一支德国国家队，但卡恩把守的大门却是最稳固的后方城池。六场比赛，卡恩只丢了一个球，但是他犯下了一个致命的错误。卡恩眼睁睁地看着留着阿福头的罗纳尔多连入两球掠走了大力神杯。没有人指责卡恩，世界杯亚军本是意外之喜，世界杯金球唯一一次颁给门将已说明一切。法兰克福市政厅阳台上的庆典，只有卡恩自己心怀愧疚。他曾在这一天向全德国宣布："四年后，我们会做得更好。"

但四年对一名球员意味着什么?

属于卡恩时代的日耳曼战车老迈而沉重。2004 年欧洲杯，捷克人肆意地在卡恩面前完成了逆转，德国队黯然出局。痛定思痛的德国人下定决心重建战车，在克林斯曼的左右为难中，卡恩让出了 1 号。这就是答案：四年，可以让他从 1 号变成 12 号，从主力变成替补，从被追捧变成遭弃用。四年，可以改变很多东西。

2006 年在家门口举行的世界杯上，每当莱曼完成一次扑救，摄像机的镜头总会捕捉到卡恩，狮王的眼睛里已经没有杀气。在德国鏖战阿根廷十二码决胜前，卡恩向莱曼伸出了他的右手。人们又想起了那个时常怒吼着的卡恩，但此时的他，却比任何一个怒吼时的他都更令人心生感怀。在国家利益面前，他委屈地退让，微笑地成全，这是真正的王者气度。

世界杯三四名决赛是卡恩国家队生涯的最后圣战。封出保莱塔的单刀，扑出 C 罗的弧线球，化解德科的射门，卡恩带给了德国队 90 分钟的功德圆满。在斯图加特的烈焰中，37 岁的卡恩结束了自己在国家队的最后演出。

他仍是拜仁慕尼黑的 1 号，激情的澎湃和斗士的敏锐从没有一分钟离开过他。球场上，他站在所有人身后，意志上，他永远冲在所有人身前。

∧ 2006 年世界杯 1/4 决赛，在德国同阿根廷的点球大战前，沦为替补的卡恩向主力门将莱曼主动伸出右手，这被认为是这届世界杯最男人的一个瞬间。

∨ 1999 年 4 月 3 日，拜仁慕尼黑客场挑战多特蒙德，卡恩飞腿欲踢对方前锋查普伊萨。

2007/2008 赛季结束后，卡恩带着第 8 个德甲冠军告别了绿茵场。他没有遗憾，他在 39 岁时还是拜仁慕尼黑当仁不让的主力门将，每一天他都在拼尽全力。德国国家队和拜仁俱乐部用一场盛大的告别赛向他致敬，这是属于他独一无二的荣誉。不管是前辈伊尔格纳、科普克，还是后辈诺伊尔，他们都是引领过世界冠军或欧洲冠军的门将。卡恩没有。但在人们心中，他比任何人都更像个王者。

他反叛过，飞踢多特蒙德前锋查普伊萨、扼住布尔达里奇咽喉都让他饱受批评。他低潮过，脱手失误让拜仁的欧冠对手尤文和皇马纷纷获利。他任性过，他的凶悍不仅震慑对手，也会牵连队友。他沉默过，当对手球迷扔下的高尔夫球正击中他的太阳穴，当从看台飞下的香蕉成为家常便饭时。但这才是完整的奥利弗·卡恩。这也是人们爱戴他的原因。

他不够完美，不会掩藏自己的情绪；他追求自由，思想的自由和言论的自由；他离经叛道，不懂得在英雄的光环下接受仰望。但他无比真实，如果足球场就是群情激昂的所在，那么卡恩，会让人们更加血脉偾张。

足球场上的卡恩是王者。

足球场下的卡恩是智者。

当退役后的卡恩用两年时间修完自己因成为职业球员而耽误的大学课程时，他已经 42 岁。在成为德国电视台的电视转播嘉宾后，球迷们总能看到他侃侃而谈的样子，言语简明、思路清晰。这也是卡恩。卡恩告诉我们，每一个优秀的球员都会是生活中的智者。

冰王子
博格坎普
丹尼斯·博格坎普
Dennis Bergkamp
国籍：荷兰
出生地：阿姆斯特丹，荷兰
出生日期：1969 年 5 月 10 日
位置：影子前锋
俱乐部：阿贾克斯、国际米兰、阿森纳
俱乐部进球数：272 球 /741 场
国家队进球数：37 球 /79 场

总有一首歌，能让你想起他

>>>

歌名：My Lover's Gone
歌手：Dido

如果按照一纸数据来评定这位球员，他的才气与光华或许会被这些冰冷的数字所湮没，但只要你曾经看过一眼他的表现，哪怕只有一秒，哪怕只是一次简单的触球、停球或转身，你必定都会爱上这位“不会飞翔的荷兰人”（博格坎普有恐飞症）。

因为他的冷峻与优雅，西方世界把他唤作“冰人”，而东方世界却给出了一个更具艺术气息的译名——“冰王子”。优雅却不华丽，简约却不简单，他一直演绎着一种极致的简约美，一种只属于“冰王子”博格坎普的极简美学。

属于博格坎普的记忆时钟总会在两个时刻重重敲击，一个是 1998 年的 7 月 4 日，另一个则是 2002 年的 3 月 2 日，这两个时刻的背后是两个我们再熟悉不过的伟大进球。

那脚来自弗兰克·德波尔的 60 米长传划破长空，却被博格坎普蜻蜓点水般地卸下，淡定而从容，顺及轻巧的一捅，荷兰人埋葬了阿根廷最后的眼泪；那脚来自皮雷的左路贴地长传平淡无奇，却被博格坎普轻描淡写地触碰而赋予了魔力，人形向左，皮球向右，人球合一，完美一击，圣詹姆斯公园球场的黑白色陷入死寂。

两个时刻，他都用简单的两脚触球让球迷惊叹，博格坎普的足球是门典雅的艺术。两个进球，仿佛让你觉得，博格坎普对于皮球的控制已经超脱于这个物质世界，而更像是精神层面自由游走的曼妙产物。

这种润物细无声的优雅或许就是荷兰球迷与阿森纳球迷如此爱戴博格坎普的原因。79 场比赛，37 个进球，他不是橙衣军团的最佳射手，但他却被评定为过去 25 年荷兰国家队的最佳球员；423 场比赛，120 个进球，在阿森纳最佳射手的榜单中，博格坎普前面有一长串的名字，可是他却成为了酋长球场外第四座雕像的拥有者，那座铜像的原型不是那个优雅的转身，而是一次高难度的销魂停球。这就是枪迷们爱他的缘由，一个简单的动作就已足够。

∧ 1998 年世界杯 1/4 决赛，博格坎普接弗兰克 · 德波尔的长传之后，打进了一记精彩绝伦的进球，荷兰队最后时刻绝杀阿根廷。

< 1996 年 5 月 5 日，阿森纳主场 2 比 1 击败博尔顿，博格坎普第 84 分钟为枪手打进制胜球。博格坎普优雅的风格正是阿森纳球迷如此爱戴他的原因。

∨ 1994 年 5 月 11 日，国际米兰在联盟杯决赛第二回合中击败萨尔茨堡，博格坎普获得了自己蓝黑生涯的唯一一个冠军，他赛后与同胞琼克庆祝胜利。

当然，冰王子职业生涯个人数据的相对弱势，与他黄金时期所踢的位置不无关系。在阿森纳，博格坎普所扮演的角色是一个标准意义上的影子前锋，甚至是一名古典前腰。但在职业生涯早期效力阿贾克斯期间，博格坎普也曾是个不折不扣的锋线杀手，这似乎也暗合了博格坎普父母在给儿子取名时的初衷。

博格坎普的名字丹尼斯其实源于曼联传奇丹尼斯・劳，由于博格坎普的父母是这位禁区之王的铁杆球迷，因此在博格坎普降生之日便为他取名丹尼斯。年轻的博格坎普在为阿贾克斯效力的 237 场比赛中打入 122 球，三次加冕荷甲金靴。1992 年的欧洲杯上，在三剑客身旁的博格坎普同样星光熠熠，打入 3 球成为队内最佳射手；1992 年以及 1993 年，博格坎普连续两年入围欧洲金球奖三甲，成为世界瞩目的超级巨星。

可是，一次转会让一切急转直下。

1993 年，博格坎普穿上了国际米兰的蓝黑色战袍。他拒绝的是荷兰人曾经创造过无数辉煌的 AC 米兰与巴塞罗那，他希望以颠覆者的姿态开创自己的时代，可是，亚平宁的赛场却险些将“冰王子”融化，意大利足球与他的想象大相径庭。

在亚平宁的两个赛季，博格坎普的双脚如同被铁索缠绕，52 场比赛，11 个进球，即使帮助球队捧起了欧洲联盟杯，可是这样的成绩单还是让莫拉蒂下定决心将博格坎普扫地出门。临别时分，“老爹”莫拉蒂还不忘挖苦买家阿森纳一番：“如果这个球员可以一个赛季打进 10 个进球，那我就谢天谢地了。”

这一次，莫拉蒂失算了。博格坎普在加盟球队的第一个赛季就为兵工厂打入 16 粒进球。更重要的是，此后的 11 年间，博格坎普的名字始终与阿森纳在一起，直到退役。这个昔日的新起点也成了最后的终点，这里的人们把博格坎普称作“传奇”。

当然，传奇的真正发迹离不开另一位传奇的驾临。1996 年，法国人温格入主阿森纳，博格坎普也终于找到了可以和他琴瑟和鸣的艺术大师。在温格眼中，博格坎普阅读比赛的能力根本无需他多虑，他要做的只是给荷

∧ 1997/1998 赛季，阿森纳加冕英超和足总杯的双冠王，在球队举行的花车游行庆典中，博格坎普展示联赛冠军奖杯，奥维马斯展示足总杯冠军奖杯。

∨ 2006 年 7 月 22 日，博格坎普在阿森纳新落成的酋长球场举行告别赛，对阵双方是他效力时间最长的两支球队，结果阿森纳 2 比 1 击败阿贾克斯。赛后，博格坎普享受了阿森纳队友的临别致敬。

兰人一个舒适的空间，然后在一个合适的距离之外，静静地欣赏博格坎普的足球。

也许，这个世界上有两个阿森纳，三个海布里，但这个世界上却只有一个博格坎普。枪迷们也许为了他们的下一场胜利而来，也许为了他们的下一座奖杯而来，也许只为了一个人而来。

1997/1998 赛季，博格坎普帮助阿森纳加冕英超与足总杯双冠王，其中面对莱斯特城的比赛，他更是戴上了最为优雅的“帽子”，三个进球占据了当月最佳进球的前三甲，无人可匹敌；2003/2004 赛季，博格坎普与球队一起，以不败战绩问鼎英超冠军，英超联赛 49 场不败的神话是后来者几乎难以企及的丰碑。

可是，最好的博格坎普依然有他难以触及的荣耀，冠军杯、欧洲杯与世界杯都不曾属于他。2006 年王子公园球场的雨夜，博格坎普坐在板凳上看着巴萨“梦之队”登顶欧洲；三届欧洲杯，两届世界杯，这么近，却又那么远，他的一粒粒进球始终无法逾越无冕之王的障碍。但是回头看来，这些遗憾也是一份残缺的美好，假如失去了这种无可奈何，博格坎普也就太过完美。

如果博格坎普没有成为一名球员，或许他会成为一名建筑师，他的想象力可以在世界任何一个角落树起极简美学的建筑。可是我们是如此幸运，上帝把他留在了球场上，本该属于建筑师笔下的那一道道曼妙弧线却留在了我们的记忆中。

这还是一个功利的足球世界，但它却允许像博格坎普这样的艺术天才站在巨人的身旁，我们要做的或许不是顶礼膜拜，而只是单纯地静静地欣赏。

永远的战神

巴蒂斯图塔

加布里埃尔·巴蒂斯图塔

Gabriel Batistuta

国籍：阿根廷

出生地：阿维拉内达，阿根廷

出生日期：1969 年 2 月 1 日

位置：前锋

俱乐部：纽维尔老伙计、河床、博卡青年、佛罗伦萨、罗马、国际米兰、阿拉比

俱乐部进球数：297 球 / 476 场

国家队进球数：56 球 / 78 场

总有一首歌，能让你想起他

>>>

歌名：Dying in the Sun
歌手：The Cranberries

天高云淡的潘帕斯草原，热情奔放的探戈，这就是遥远的阿根廷带给我们的最直接的印象。这里的文化孕育出了个性鲜明、狂野奔放的阿根廷球员，从肯佩斯、卡尼吉亚到雷东多、巴蒂斯图塔，他们身上仿佛都有一种风的飘逸、风的轻灵、风的狂野，长发是他们的标志。看阿根廷球员踢球就像在潘帕斯草原上驰骋，长发随风而动，潇洒随意又透着一种狂放不羁，这正是阿根廷的足球风格。

1991 年，通过中央电视台的意甲联赛转播，一个叫巴蒂斯图塔的阿根廷小伙子闯进了中国球迷的视野。当时只有 22 岁的巴蒂斯图塔年少轻狂，他力拔千钧的进球，激情四射的庆祝，一下子攫取了中国球迷的心。很多球迷干脆亲切地称呼他“巴蒂”，或者像国外球迷那样叫他“Bati-Goal”。

24 年岁月匆匆而逝，巴蒂情结在中国球迷的心中早已根深蒂固，很多中国球迷就是看着一个个的“Bati-Goal”慢慢地长大。原先那些亭亭玉立的小姑娘、懵懂顽皮的少年如今已入而立，而原先那些活力四射的青年如今正处不惑，或许现在工作和生活的压力让他们冷落了足球，但是当初看巴蒂踢球时的那份美好，在自己的心里，却会永远留有一个特殊的位置。

巴蒂的一生似乎只属于三种颜色：紫色、红色和蓝白色。

紫色毫无疑问代表的是佛罗伦萨，那也是传奇开篇的部分。初来佛罗伦萨的两年，球队动荡，人心涣散，惨遭降级厄运，而巴蒂却选择留守紫百合，为了这座城市，为了这里的球迷，他要帮助佛罗伦萨队获得重生。忠臣巴蒂赢得了佛罗伦萨整座城市的尊敬，他也因此成为了忠诚的代名词。

当佛罗伦萨在一年后重回意甲，巴蒂迎来了真正意义上的第一个爆发期。1994/1995 赛季，巴蒂创造了连续 11 轮比赛打进 13 球的意甲新纪录，并且以 26 球夺下意甲金靴。他手握角球的霸气庆祝方式，成为了意甲转播中的经典画面，同时，巴蒂也赢得了一个非常有中国特色的绰号——战神。

1996/1997 赛季意甲，佛罗伦萨主场迎战 AC 米兰，巴蒂和马尔蒂尼各自率队出场。

当时的巴蒂一心想要率领佛罗伦萨实现冠军梦，坚定的目标让他拒绝了豪门邀约而选择继续诠释忠诚。1995/1996 赛季，巴蒂帮助紫百合先后拿下意大利杯和意大利超级杯冠军，巴蒂兑现了自己许下的诺言，而佛罗伦萨人则给他立起铜像，对他顶礼膜拜。

遗憾的是，豪情万丈的巴蒂受佛罗伦萨队实力所限，意甲冠军始终如镜花水月。而在欧洲战场，他可以在进球后用手指压住嘴唇，让诺坎普球场变得鸦雀无声，他也可以用标志性的进球让整个老特拉福德球场一片沉寂。虽然他在豪门对手面前屡次证明自己，只可惜，巴蒂在佛罗伦萨无法做得更多。

如果不是 1998/1999 赛季同 AC 米兰比赛时的那次受伤，使他远离赛场长达 40 天之久，巴蒂和佛罗伦萨或许早已实现意甲冠军的梦想。屡次的功亏一篑让巴蒂心生去意，尽管他再次荣膺意甲射手王，也无法冲淡他对

1999/2000 赛季欧冠小组赛，巴蒂进球客场绝杀阿森纳。巴蒂力拔千钧的进球、激情四射的庆祝，攫取了无数中国球迷的心。

冠军早已汹涌的渴望。

2000 年 5 月 14 日，巴蒂在佛罗伦萨的最后一场比赛，他上演了帽子戏法，也打进了他为紫衣军团效力的最后一个进球。佛罗伦萨人最后一次为自己的英雄欢呼。在欢呼声中，巴蒂倒在了草地上，张开双臂，纵情甚至贪婪地最后一次倾听那为他而存在的紫色的呐喊。

带着对佛罗伦萨深深的眷恋，带着对冠军的渴求，巴蒂穿上了罗马队那象征着战斗的红色的战袍。对于真正喜爱巴蒂的球迷来说，没有人会指责他背叛，因为，他把一个球员最美好的时光都奉献给了佛罗伦萨这座城市，那里有他九年的青春。

2000 年 11 月 26 日，穿着罗马红色球衣的巴蒂回到了佛罗伦萨。终场前，他用标准的巴蒂进球刺穿了老东家的大门，进球后的巴蒂没有欢呼，没有庆祝，他只是定定地站着，把脸深深地埋在双手和长发中，任由泪水从指尖滑落，只为那曾经并肩战斗过的日子。

对于罗马队来说，巴蒂就是手持利刃的角斗士，他用进球刺穿对手的防线，屡屡在关键时刻挽救红狼。2001 年 6 月 17 日，这是所有的巴蒂迷和巴蒂一起记住的日子。意甲最后一轮，罗马主场 3 比 1 力擒帕尔马锁定冠军，巴蒂也奉献一粒进球。对于已经 32 岁的巴蒂来说，在登陆亚平宁的整整第 10 个年头，意甲冠军梦终于得偿所愿。

在罗马队效力两个半赛季之后，巴蒂又短期租借到国际米兰半个赛季，2003 年夏天，他告别意甲前往卡塔尔阿拉比队。从初来时的意气风发，到离开时的略显沧桑，十二载意甲岁月，巴蒂虽有憾，但无悔。

如果说佛罗伦萨的紫色是巴蒂的成长、罗马的红色是巴蒂的收获的话，那么阿根廷国家队的蓝白色就是巴蒂的信仰，这份信仰已经融进了他的血液，一生都不会改变。

巴蒂第一次披上蓝白战袍征战大赛是 1991 年美洲杯，他便以 6 个进球获得最佳射手，帮助阿根廷队夺冠，而阿根廷队上一次获得美洲杯要追溯到 32 年前。两年后，他又在决赛中包揽两粒进球，帮助球队成功卫冕。不过，最让巴蒂魂牵梦绕的还是世界杯。1994 年，虽然巴蒂用一个帽子戏

∧ 2001 年 6 月 17 日，巴蒂进球帮助罗马 3 比 1 击败帕尔马，意甲冠军梦终于得偿所愿。

> 2001 年 8 月 7 日，巴蒂在同博卡青年队的赛季前热身赛中进球，帮助罗马 3 比 1 取胜，模拟机枪扫射的动作也是巴蒂最为经典的庆祝方式之一。

∧ 1998 年世界杯小组赛，阿根廷队凭借巴蒂的进球 1 比 0 击败日本。

∨ 2002 年世界杯小组赛即被淘汰，壮志未酬的巴蒂流下了英雄泪。

法让自己的世界杯之旅开始得如此梦幻，但是由于马拉多纳的禁药事件，失去主心骨的阿根廷队在 1/8 决赛中遭淘汰。巴蒂的第一次世界杯拥有一个美好的开始，却有着苦涩的结局。

四年之后，为了阿根廷的荣誉，巴蒂屈从了铁血主帅帕萨雷拉，忍痛剪掉了心爱的长发。少了一分飘逸，但是巴蒂却多了几分激情。尽管身边没有了马拉多纳，没有卡尼吉亚，没有雷东多，但是，前 4 场比赛，巴蒂贡献 5 个进球，他还成为迄今为止唯一一位连续两届世界杯上演帽子戏法的球员。他本有机会率领阿根廷队闯入四强甚至走得更远，但是，同荷兰的 1/4 决赛，他的一脚劲射被门柱残忍地拒绝，“冰王子”博格坎普最后时刻为橙衣军团奉献绝杀，巴蒂唯有仰天长叹。

2002 年的韩日世界杯，是所有的巴蒂球迷都不愿回首的经历。他攻破尼日利亚的球门，完成了自己身穿蓝白球衣的最后一个进球。然后，便是 6 月 12 日日本仙台的那个下午，如此刻骨铭心，当巴蒂被克雷斯波替换下场，谁都不愿意接受，却冥冥之中预感到这会是战神与世界杯的诀别。壮志未酬，英雄泪满襟，巴蒂掩面哭泣的画面不知让多少人为之心碎。

“我能想到最浪漫的事，就是和你一起慢慢变老。”这是恋人之间互相表达爱意时经常说的话，但是，对中国球迷来说，我们所能想到的最不浪漫的事，却是看着自己的喜欢的球星慢慢地变老。岁月的巨手无情地拨动时钟，战神也终于在 2005 年卸下铠甲，我们又想起了那个初到佛罗伦萨时的翩翩少年和他曾经青春朝气的脸，激情洋溢的战神也终有被岁月征服的那一刻，无论他如何疾飞如电，却永远也追赶不上时间老人的脚步。

有人说，做巴蒂的球迷是最快乐也是最痛苦的。快乐是因为他完美的外形、完美的进球和完美的人格；痛苦是因为冠军总是与他无缘，佛罗伦萨有心无力，阿根廷折戟世界杯。但是，爱就是一种无声的坚守，所以，我们至今依然执着地爱着巴蒂，痴心不改。

红黑旗下的丰碑

马尔蒂尼

保罗·马尔蒂尼

Paolo Maldini

国籍：意大利
出生地：米兰，意大利
出生日期：1968 年 6 月 26 日
位置：后卫
俱乐部：AC 米兰
俱乐部进球数：33 球 /902 场
国家队进球数：7 球 /126 场

总有一首歌，能让你想起他

>>>

歌名：I Will Always Return
歌手：Bryan Adams

如果说足球是意大利人的一种信仰，圣西罗球场就是这种信仰神圣的殿堂，在这里战斗过的每一位伟大的球员都会如万神殿中的圣像一样，永远留存在人们的记忆中。

2009年5月24日，又一个伟大的名字告别了这座圣殿环抱中的战场，他就是保罗·马尔蒂尼。当中国的球迷从1988年开始看到意甲联赛，他已经在亚平宁的舞台上绽放了三年的光华。我们遗憾无缘见证1985年1月20日他在弗留利球场青涩的首次亮相，却收藏了二十多年间他带给我们的每一份感动，每一次激情和每一份荣耀。

马尔蒂尼，一个让所有米兰球迷和意大利球迷痴狂的姓氏。1963年，当塞萨尔·马尔蒂尼高举起欧冠金杯，这个姓氏已经融入了红黑军团的历史。22年后，保罗的身影宣告着马尔蒂尼家族重回绿茵场。那青涩却无比帅气的面孔，那初出茅庐却不畏强手的霸气，那飘逸的长发和深邃的眼神，让无数女球迷甚至男球迷为之倾倒。

风一样奔跑，战士一样拼抢，精准无误的铲球，他的存在让球场的左路一度被人称作“马尔蒂尼走廊”。进入国家队对于年少成名的马尔蒂尼顺理成章。1988年欧洲杯崭露头角，打满所有比赛；1990年世界杯本土作战，在《意大利之夏》悠扬的旋律中打进四强，却在那不勒斯败给了那座城市的偶像马拉多纳领军的阿根廷；1994年美利坚的骄阳下，意大利倒在决赛的点球大战前，但马尔蒂尼是公认的赛事最佳后卫，也在那一年的金球奖评选中位列第三，一年后世界足球先生评选位列第二。

上世纪90年代初期，红黑军团拥有名声显赫的荷兰三剑客，如果说中前场的攻击组合是米兰王朝王冠上最璀璨的明珠，那么稳固的后防线则是这个伟大时代的基石。58场不败成为了前无古人，甚至也可能是后无来者的传奇。

在那期间，后防线的每一个人都承受着巨大的压力，但这种压力令人

∧ 1986 年 4 月 13 日，马尔蒂尼在同那不勒斯的意甲联赛中防守马拉多纳。这是马尔蒂尼在意甲的处子赛季，当时的他还满脸青涩，而马拉多纳正如日中天。

∨ 1993/ 1994 赛季，AC 米兰队在冠军杯决赛中 4 比 0 完胜克鲁伊夫领军的巴塞罗那，这是马尔蒂尼红黑生涯获得的第三个冠军杯冠军。

成熟，也磨砺出了保罗那无与伦比的领袖气质。20 世纪 90 年代的 5 个联赛冠军和 3 个冠军杯冠军，让这个世界为米兰王朝的强大而震撼，青涩少年已经站在世界足坛的顶端。

在这段辉煌的岁月中，巴雷西离开了红黑军团，马尔蒂尼承担起了后防线的重任，也承担起 AC 米兰队长的责任。在这里，我们无法一一描述那一个个辉煌的瞬间，因为马尔蒂尼总是在平静中，在他自己和整个亚平宁的足球世界里树立起一座座新的里程碑——打破里维拉保持的代表 AC 米兰出战意甲联赛场次纪录，打破巴雷西代表 AC 米兰出战正式比赛场次纪录，打破贝尔戈米参加米兰德比场次纪录，打破佐夫意甲联赛出场次数纪录……而这些，仅仅是他职业生涯中的一个个坐标，目标还在远方，坐标留在身后。

在国家队，在他的时代，马尔蒂尼同样是纪录的缔造者，只是蓝衣军团的岁月带来的更多是遗憾与不甘。1998 年世界杯点球负于法国，2000 年欧洲杯再次倒在法国队面前，马尔蒂尼都是见证者。

更令人慨叹的是，当韩日世界杯上，博尔格蒂在他面前回头望月，安贞焕在他的头顶打进金球，无数人将矛头指向 34 岁的保罗，认为他已经力不从心，于是，保罗脱下蓝衫，纪录永远地停留在了 126 场这个数字上。当他离开球场时，那句“真想重踢一次世界杯”让陪伴他一起走过数年光阴的人心碎。

回到红黑军团，他向人们证明了自己宝刀未老。如果说年轻时的保罗头顶父亲塞萨尔・马尔蒂尼的光环，那么当 AC 米兰在冠军杯决赛中击败尤文图斯问鼎欧洲之巅的那一刻起，保罗已经用自己的名字为马尔蒂尼这个姓氏带来了更多的含义。

2003 年的老特拉福德之夜，他像自己的父亲一样，以队长身份高举起欧冠奖杯，只是相隔了 40 年光阴；2005 年伊斯坦布尔之夜虽然令人心碎，但马尔蒂尼成为了在欧冠决赛赛场上进球的年龄最大的球员；2007 年，希腊奥林匹斯山众神俯视之下，马尔蒂尼再一次将欧冠金杯高举过头顶，39 岁的他如同神殿中的宙斯一样在诸神的簇拥下接受膜拜，也在成就着属于自己的神话。

∧ 2002/2003 赛季，老特拉福德之夜，在击败尤文图斯夺得冠军杯之后，马尔蒂尼终于可以像自己的父亲一样，以队长身份高举奖杯。

∨ 2009 年 5 月 24 日，AC 米兰主场迎战罗马，这也是马尔蒂尼告别圣西罗之战。赛后，马队绕场一周，向米兰球迷挥别。

那时，人们都以为他会带着冠军的辉煌急流勇退，但马尔蒂尼却没有停下脚步，因为当时的红黑军团盾牌不再坚不可摧，所以，他选择了继续战斗，选择了为自己挚爱的球队奉献最后的力量。如果说国家队的蓝色是他生命中不可缺少的一部分，那么 AC 米兰的红黑色战袍就几乎与他的肌肤融为一体。

2008 年，马尔蒂尼迎来了自己职业生涯的第 1000 场正式比赛，这不仅仅是无数个日夜的叠加，这个数字本身就是世界足球史上的一座丰碑。

25 年的时间漫长却又短暂，告别的时刻终于到来。最后一个主场，当马尔蒂尼围绕球场向球迷们致敬时，也许每个人的脑海中都在极力回想着能够回忆起的所有关于马尔蒂尼的画面。全场高举印有他名字的围巾，那一刻充满了温情、感动和不舍，当年为他的英俊而痴迷的少女很多人如今已为人母，当年为他的球技所着迷的小伙子已经和他一样经受了许多成功和失败的人生历练。

此刻，保罗·马尔蒂尼已经不再是一个名字，他影响了几代热爱足球的人，在这些人的心中，保罗·马尔蒂尼就是一座永恒的塑像。从 1988 年直到那一刻，他的名字伴随着意甲走进我们的生活，与红黑军团一起，他赢得了 26 个冠军头衔，他的名字贯穿了我们享受意甲最初二十年的时光。

感谢你，保罗！

蓝色忧伤

巴乔

罗伯特·巴乔

Roberto Baggio

国籍：意大利

出生地：卡尔多尼奥，意大利

出生日期：1967 年 2 月 18 日

位置：中场

俱乐部：维琴察、佛罗伦萨、尤文图斯、AC 米兰、国际米兰、博洛尼亚、布雷西亚

俱乐部进球数：291 球 /643 场

国家队进球数：27 球 /56 场

总有一首歌，能让你想起他

>>>

歌名：Never Grow Old
歌手：The Cranberries

对于一个曾经将足球视为生命的男人来说，世界杯就像是他的初恋情人。1994 年的这个夏天，当巴乔站在一个男人一生中最重要时刻的时候，他与幸福擦肩而过。对于巴乔来说，失去了世界杯，就像失去了他最深爱的恋人。这种忧伤伴随一生。

世界杯是巴乔的初恋情人，巴乔又是多少人的足球情人？

只在绿茵场上看到他一眼，从此再也不能忘记他的容颜。只有巴乔能够告诉你，为什么蓝色可以形容忧郁，因为他那比地中海还要湛蓝的眼睛无时不浮动着淡淡的忧郁，但这种忧郁的深处，却闪烁着坚韧和不屈。再也没有第二个人可以给你这样的感觉。

看过巴乔踢球的人是最幸福的。原来，狂野的足球场上也可以有诗人，有艺术家，可以将古典与意境发挥得淋漓尽致。你以为这只是足球之美，但偏偏因为他，足球又生出了感性，交织着失落、无助、淡然、坚定、忠诚、执着等等各种复杂的感情，他让足球有了艺术生命。

如果有一个人能最好地展现意大利足球，那么他只能是罗伯特·巴乔。巴乔成名于意大利艺术之都佛罗伦萨，他的气质与这个文艺复兴的发源城市格外契合。

1990 年意大利之夏，第一次踏足世界杯的巴乔就留下了那记经典的长途奔袭进球。但即使没有这粒进球，人们还是会记住他。比邻亚平宁的世界上最古老、最浪漫的海洋——地中海，第一次被拿来形容一位球员，他就是巴乔。在与阿根廷队的半决赛中，巴乔第一次站在世界杯赛场的点球点前，他把皮球送入了大门，但是意大利队还是输掉了点球大战。

四年后，27 岁的巴乔已然闻名世界，他刚刚获得世界足球先生和欧洲足球先生。命运却刻意在一个如此完美的男人身上写下伤痕，让所有人猝不及防。

1990 年意大利之夏，巴乔征服了全世界的球迷，他那比地中海还要湛蓝的眼睛无时不浮动着淡淡的忧郁，但这种忧郁的深处，却闪烁着坚韧和不屈。

∧ 1994 年世界杯同尼日利亚的 1/8 决赛，巴乔在最后时刻拯救了意大利队，他在终场前两分钟扳平比分，又在加时赛中奉献绝杀。

如何形容 1994 年美国世界杯呢？在巴乔身上，有多少爱戴，就有多少嫉恨；有多少辉煌，就有多少失落；有多少是是非非，就有多少大彻大悟。整个意大利队在 1994 年世界杯上的表现就像为巴乔一个人书写了一部传记，在经历了一个颇具悬念的开篇后，巴乔与传说中的英雄一样，单枪匹马将意大利队带进了决赛。此时的巴乔离完美只差一步。

于是有了我们开篇的故事，它是这部传记的结局。

洛杉矶玫瑰碗体育场，巴乔失去了他的“恋人”。原来背影也可以诉说刻骨铭心的忧伤，却有多少人因为这个背影从此更加深爱这个忧郁的男人！

1994 年成为了巴乔职业生涯的分水岭。那之前，他是紫百合的万千骄傲，转投尤文图斯之后，他又成为了后普拉蒂尼时代斑马军团的新领袖，这是巴乔为之效力时间最长的两家俱乐部。然而，1994 年那个夏天，随着里皮的到来，一切都变了模样。

R. BAGGIO
10

洛杉矶玫瑰碗体育场，巴乔失去了他的“恋人”。蓝色的10号背影诉说着无尽的忧伤，多少人也因为这个背影从此更加深爱这个忧郁的男人。

巴乔在整个职业生涯中辗转过七家意大利球队，这也是他身上忧郁气质的另一个由来——不是他一味出走，而是总有什么逼迫他一次又一次离开。当他第一次代表斑马军团迎战旧主紫百合时，他拒绝主罚点球，当佛罗伦萨球迷向他抛下紫色围巾时，他抱在怀里，深情款款。

当他被里皮放到替补席上，被比他小八岁的斑马王子皮耶罗取代再难有上场机会时，他最后一次佩戴着尤文图斯队的队长袖标，用三粒助攻为斑马军团带来一座意甲冠军奖杯之后，才舍得转身离开。

当他被卡佩罗和萨基继续放在 AC 米兰队的替补席上，又被萨基剔除出意大利国家队时，球迷们终于从他的眼睛里看到了忧郁之外的另一样东西——沧桑。巴乔 30 岁了，但他还不想向命运低头，不想向任何人屈服。

他剪去了自己标志性的马尾辫，穿着博洛尼亚队的球衣全新亮相，让自己迈上了职业生涯的又一个巅峰。巴乔以本土最佳射手的身份重新入选了 1998 年世界杯的意大利大名单，巴乔需要世界杯，而意大利队更需要巴乔。

在小组赛对智利队的比赛中，巴乔创造了一粒宝贵的点球。即便是对手在他主罚前喋喋不休地干扰，也不能阻止巴乔跨越四年前心中的梦魇。四年前没有完成的杰作，四年后再次被摊开，这一次，巴乔战胜了过去，也战胜了自己。

1998 年法兰西世界杯属于齐达内，甚至属于更年轻的欧文。但是对于意大利人来说，它是属于巴乔的。经历了 1994 年世界杯的人生悲喜，四年后的巴乔不再流行，但他更加成熟；四年后的巴乔也能更平静地面对被换下和被换上；四年后的巴乔，人生的书已经书写得更加厚重，它甚至可以书写得更加完美，但在这个世界上，厚重和完美之间或许永远只是相差这么一丁点儿距离。

世界杯后，穿上蓝黑间条衫的巴乔先后和罗纳尔多、维埃里组成了意甲梦幻组合，但是他再一次遇到了里皮。人们总是无法明白，为什么巴乔能够博得万千球迷的宠爱，却总与主教练磕磕绊绊。当一个教练具有强硬的性格，而一个球员具有更坚强的信仰的时候，他们的融合显得异常困难。

巴乔职业生涯的最后一站是布雷西亚队。在远离了功利和是非之后，

∧ 1994/1995 赛季联盟杯半决赛首回合，尤文图斯主场 2 比 2 战平多特蒙德，巴乔发泄似地庆祝进球。

＞ 1996 年 4 月 28 日，AC 米兰主场 3 比 1 击败佛罗伦萨，提前两轮锁定联赛冠军。巴乔在进球之后脱掉球衣，用角旗杆将球衣挑起疯狂庆祝。

∨ 2004 年 3 月 14 日，在布雷西亚客场挑战帕尔马队的比赛中，巴乔迎来里程碑时刻，他攻入了自己在意甲联赛中的第 200 粒进球。

∧ 世界上最著名的马尾辫，最著名的背影。巴乔的气质，就是亚平宁的气质，他的情怀，就是地中海的情怀。他的忧郁，是对生命考验的隐忍，而他的坚强，才是他对人生做出的回答。

巴乔单纯地享受着踢球的乐趣，他也能更深地感受到生命的意义。巴乔是个虔诚的佛教徒，佛教告诉容易受伤的巴乔换一种角度思考问题，人生就是苦隶，在挑战中才能获得人生的最大乐趣，即使不能得到别人的承认。

巴乔做到了，从年少轻狂到低迷彷徨，他总是以不屈的态度去拥抱心中的理想。他的整个职业生涯都在与伤病斗争，17 岁时，他的一条腿被缝了足足 220 针，巴乔说："伤病就像是我的另一个情人。"但是伤病从来没有成为他退却的理由。

退役后的巴乔过着半隐居的生活，唯一能让他出现在公众场合的缘由就是参加慈善活动。球员巴乔变成了慈善家巴乔，十几年的时光里，他乐此不疲，这让他赢得了更多的尊重。和球员巴乔一样，纷繁的世界里从不见他的身影，但他一定会出现在最需要他的地方。

他的浪漫主义，他的古典情怀，在任何时候都没有被真实的世界所侵扰。他一直都是个艺术家，球王贝利对他最经典的评价是："巴乔的世界杯进球应该被绘成油画收藏起来。"

如果没有淡泊的态度，纯净的内心，他如何去保护自己独一无二的气质。他的气质，就是亚平宁的气质，他的情怀，就是地中海的情怀，他的足球之美，就是意大利的足球之美。他的忧郁，是对生命考验的隐忍，而他的坚强，才是他对人生做出的回答。

风之子

卡尼吉亚

克劳迪奥·卡尼吉亚

Claudio Caniggia

国籍：阿根廷

出生地：布宜诺斯艾利斯，阿根廷

出生日期：1967 年 1 月 9 日

位置：前锋

俱乐部：河床、维罗纳、亚特兰大、罗马、本菲卡、博卡青年、邓迪、格拉斯哥流浪者、卡塔尔 SC、温布利

俱乐部进球数：107 球 /360 场

国家队进球数：16 球 /50 场

总有一首歌，能让你想起他

>>>

歌名：Stand by Me
歌手：Oasis

在足球世界里，有太多人追逐着风，而只有风追逐着他。人们叫他“风之子”，他叫卡尼吉亚。金发飞舞，蓝白闪动，这或许不单单是一个奔跑的身影，而是一种难得的意境。在1990年的那个意大利之夏，这种意境铺陈开来，渲染出了那个夏天如风如梦的斑斓色彩。

那届世界杯之前，对于大多数中国球迷而言，卡尼吉亚还是个陌生的名字，尽管他已经在意甲赛场征战了两个赛季。维罗纳与亚特兰大有幸收藏了卡尼吉亚初来欧洲的青涩岁月，在亚平宁半岛，风之子所在的球队无法像他之前的母队河床一样，在联赛里呼风唤雨，但那里的人们依然爱他，球迷们也为他歌唱：“卡尼吉亚，你带我们在风中，你的心拍云而去。”

1990年的夏天，他们的风之子将不会远去。只是，他要穿上蓝白色的战袍，去完成他所肩负的国家使命。那一年，卡尼吉亚23岁，他具备了一切优秀攻击手该具备的素养，更重要的是，这个家伙还有着一头金色的长发，一张俊俏的脸庞，世界杯的舞台像是为他量身定做，很快，世界将会记住这个风一样的男人。

意大利的夏天，地中海的风轻柔拂面，但风之子所到之处，却让对手体会着与这个季节毫不相干的刺骨寒风。在童话中，高高的墙壁，想阻挡风的前进，但是被风轻松掠过，在这届世界杯上，除了犯规，几乎没有人能在卡尼吉亚面前伫立一道阻挡他的墙。

巴西和意大利，这两座看似坚固的城墙，在风之子的面前，都显得不堪一击。淘汰赛首轮面对老冤家巴西队，接马拉多纳妙传，卡尼吉亚如同温柔杀手一般，长发飘飞，利剑出鞘，寒光闪过，一剑封喉，风之子的世界杯处子球，让巴西人怦然倒地。半决赛面对东道主意大利，卡尼吉亚更是成为了球队的英雄。在球队一球落后的局面下，他扳平比分，阿根廷最终点球大战淘汰意大利晋级决赛。

可是，辉煌的高点却也有着落寞的味道，因为一张黄牌，卡尼吉亚无缘世界杯决赛，英雄成为了看客。当布雷默的点球射杀了阿根廷的卫冕希望，很多人在怀念风之子——如果他在，是否历史会被改写？但一切没有如果，在马拉多纳哭泣的时候，我们没有看到卡尼吉亚相伴左右，或许在缺席的那一刻，他的眼泪早已哭干。毫无疑问，这次缺席，是风之子整个职业生涯最大的遗憾。

世界杯上的遗憾，很快通过连续斩获美洲杯与法赫德国王杯（联合会杯前身）的桂冠得到弥补，但卡尼吉亚却并没有像很多成名于世界杯的球星一样迅速跳转豪门，直到 1992 年，一份来自罗马的合约改变了卡尼吉亚的人生轨迹。但是，这个看似更高的平台却没有让风之子飞得更高。由于得不到主教练的信任，卡尼吉亚只能枯坐冷板凳，但更糟糕的还在后面。吸食可卡因，禁赛 13 个月，罗马彻底没有了风之子的生存空间，那段时间，对于卡尼吉亚而言，世界都是灰暗的。

在卡尼吉亚最低落的时光里，有一个人没有忘记他，这个人是马拉多纳。有人说，上帝一定是一个追求完美的人，他在创造了一个完美的马拉多纳后，又怕他太过寂寞，便给他创造了一个完美搭档，那就是卡尼吉亚。1994 年世界杯前夕，马拉多纳告诉阿根廷主帅巴西莱，如果后者不招入卡尼吉亚，那么他将退出世界杯，故事就这样峰回路转。

令人惊奇的是，尽管已经一年多没有参加正式比赛，但卡尼吉亚依然保持着百米跑 10.32 秒的惊人速度，出现在美国世界杯的这个人，似乎和四年前没什么变化。面对尼日利亚的比赛，在球队落后的情况下，卡尼吉亚疾风劲走，在关键时刻出现在禁区内，扳平了比分。随后，与马拉多纳心有灵犀的快发任意球配合，空灵的一击，阿根廷反败为胜。进球后的他，宣泄着压抑已久的情感，在那一刻，球场的每个角落都在感受着风的力量。

可是，好景不长。小组赛末战，马拉多纳由于服用禁药而停赛，卡尼吉亚也在比赛第 26 分钟被奥特加替换下场。1/8 决赛，曾经的黄金拍档，一个在看台，一个在替补席，眼睁睁地看着球队被罗马尼亚淘汰，无能为力。尽管后来，卡尼吉亚曾经回到博卡青年与马拉多纳再聚首，那张被称为“世纪

∧ 1990年世界杯1/8决赛，南美一对老冤家阿根廷和巴西狭路相逢。尽管巴西队占据绝对优势，多脚射门击中门柱，但是，笑到最后的却是阿根廷队。马拉多纳传出致命球，卡尼吉亚晃过塔法雷尔之后射门一剑封喉。

∨ 风之子的世界杯处子进球，让巴西人怦然倒地。意大利的夏天，地中海的风轻柔拂面，但风之子所到之处，却让对手体会着与这个季节毫不相干的刺骨寒风。

之吻”的照片也记录着二人之间的惺惺相惜。但是，在世界杯的舞台，这对搭档已成绝唱。

就像风一样没有方向，就像风一样习惯流浪，卡尼吉亚的俱乐部生涯同样让人不胜唏嘘。在意大利，在葡萄牙，风之子在颠沛流离中心力交瘁；回到阿根廷，短暂的蜜月期却依然难阻他再度背井离乡，终于在遥远的苏格兰，在邓迪，在格拉斯哥流浪者，他重拾足球的快乐，那里的球迷戴着他标志性的金发，唱着他似曾相识的歌谣，一切仿佛回到刚出发的模样。

2002 年世界杯，时任阿根廷主帅贝尔萨将卡尼吉亚带到了韩日世界杯的赛场。只是，在遥远的东方，卡尼吉亚没有得到哪怕一分钟的上场时间，那又是一段悲情的回忆。人们记住了巴蒂斯图塔伤心的泪水，记住了在替补席上因不满裁判而被罚下的卡尼吉亚。风之子留给世界杯的最后一个画面，是一个孤独的背影，背影渐渐远去，风渐渐平息。

对卡尼吉亚的爱是无法描述的，有人说，卡尼吉亚踢球像风，又像诗，对手只能看到他的长发，他在赛场上轻盈而又欢快地舞动，让人沉醉其间，其中也包括他的对手。清风吹过，难以寻觅他的足迹，但是我们知道，他曾经在我们的心中驻足，风停了，但是那一瞬间的美丽，却永远凝固在他如风的身影和飘逸的长发里，永远不会消逝。

1994 年世界杯第二场小组赛，卡尼吉亚独中两元，帮助阿根廷 2 比 1 击败尼日利亚。其中马拉多纳快速开出任意球，助攻卡尼吉亚得分的球堪称经典，两人相拥激情庆祝。

叛逆「国王」

坎通纳

埃里克·坎通纳

Eric Cantona

国籍：法国

出生地：马赛，法国

出生日期：1966 年 5 月 24 日

位置：前锋

俱乐部：欧塞尔、马蒂格、马赛、波尔多、蒙彼利埃、尼姆、利兹联、曼联

俱乐部进球数：165 球 /440 场

国家队进球数：20 球 /45 场

总有一首歌，能让你想起他

>>>

歌名：You Raise Me Up
歌手：Westlife

“1966年发生了什么？英格兰队夺得世界杯冠军？不！是埃里克·坎通纳出生了！”二十多年前，谁能想到，BBC（英国广播公司）当时的戏谑一语竟成为了一句名言，直到今日依然让很多英国人津津乐道。没错，埃里克·坎通纳——这个纯正的法国人，没有为法国足球做出杰出的贡献，却为英国足球留下了不可磨灭的印记。

由于与当时法国足协以及国家队教练组的矛盾，坎通纳负气出走，这导致他在黄金年龄就失去了为国征战的机会。但这也许不是一件坏事，正是因为坎通纳的离队，很快，年轻的德约卡夫和齐达内就横空出世，成为了法国足球复兴的标志。而坎通纳，这个永远竖着衣领、高昂着头的法国人，却在隔海相望的英伦大地上书写起自己新的篇章。

当坎通纳带领利兹联队夺得1992年最后一届英格兰甲级联赛的冠军时，平心而论，他还只是一个让英国人略感陌生的比较出色的球员而已。1992年秋天，利兹联队主帅威尔金森委托俱乐部询问曼联左后卫丹尼斯·欧文的价格时，电话打给了时任曼联主席爱德华兹，弗格森正巧在身旁，由于刚刚在转会市场上失去了大卫·赫斯特和比尔兹利加盟的机会，弗格森悄悄在纸上写了一个名字：坎通纳。爱德华兹在电话里对利兹的回答很简单：“丹尼斯·欧文不卖，但坎通纳呢？”

于是，英国足球史上最意外的一桩转会就这么轻而易举地完成了，120万英镑，这个在当时都不算昂贵的费用，从此为曼联带来了翻天覆地的变化。

从坎通纳来到曼联的第一天起，一阵强大的气场就围绕着球队。这个当时英语并不算十分灵光的法国人，虽话语不多，却始终挺着胸膛，给人一种扑面而来的威慑力。

那时候，第一届英超联赛已经揭幕近三个月，随着在斯坦福桥球场坎通纳第一个进球的到来，他为曼联带来的影响力与日俱增。1992/1993赛季，坎通纳在 20 次出场中为曼联打进了 11 球，曼联在英超元年成功登顶，这是红魔时隔 26 年之后再登英格兰顶级联赛的冠军宝座，而这仅仅是坎通纳为曼联带来超凡影响的一个开始而已。

1993/1994 赛季，英超第一次固定球衣号码，坎通纳从此穿上了曼联的 7 号战袍，这件球衣，在此前的不固定号码时代，曾被传奇乔治・贝斯特和队长布赖恩・罗布森多次穿着，但这个号码，在当时还并不像后人所传说的那样成为俱乐部的传奇号码。穿上 7 号战袍，竖起的衣领成为了坎通纳特立独行的标志。

那个阶段，正是弗格森打造曼联红色帝国的初级阶段，大量年轻球员进入一线队。尽管不是队长，但坎通纳的大哥气质与生俱来，凭借着他在场上盛气凌人的气势，曼联高歌猛进。

坎通纳以 25 个进球完成了第一个完整的曼联赛季，英超和足总杯双冠王的荣耀成为了弗格森王朝初期的重要标志，曼联——这个在多年内曾被死敌利物浦牢牢压制的中游球队，就此成为了英超的霸主。

然而，坎通纳桀骜不驯的性格就像一把双刃剑，有时给曼联带来神作，有时也会带来毁灭。时光会永远记得 1995 年 1 月 25 日这一天，在水晶宫的主场塞尔赫斯特公园球场，在被红牌罚下场后，坎通纳从球场远端走回更衣室，路过球迷看台途中，他仿佛听到了什么，于是短短一秒钟内，一个黑色的身影冲了过去，一记中国功夫般的飞腿蹬向了水晶宫球迷西蒙斯，这就是英超历史上著名的“飞腿事件”。

为此，坎通纳遭受了停赛八个月外加巨额罚款以及社区服务的重磅罚单，曼联也因为坎通纳的缺席在最后一轮失去了那个赛季的英超冠军。时至今日，人们依然会清晰记起坎通纳在听证会上那番神秘的演讲：“海鸥追着拖网渔船飞行，那是因为他们以为沙丁鱼会被抛进大海。”

他就是这样一个人。埃里克・坎通纳，永远的不可捉摸，永远的我行我素。

坎通纳的复出之战恰逢英超双红会，那是 1995 年 10 月 1 日，坎通纳走在队伍的最后，听到的是老特拉福德的山呼海啸的欢呼声。坎通纳果然

∧ 1992/1993 赛季，英超元年，在客场同曼城队的德比战中，坎通纳攻入一球。

∧ 1995 年 1 月 25 日，水晶宫的塞尔赫斯特公园球场，坎通纳上演著名的“飞腿事件”。

∨ 1995 年 10 月 1 日，坎通纳停赛八个月之后重回赛场，他的复出之战恰逢同利物浦的双红会。在打进点球为曼联扳平比分之后，坎通纳爬上球门边的竖杆庆祝进球。

名不虚传，助攻巴特得分，自己又打进点球，这场著名的复出之战成为了他尽情宣泄的舞台，他甚至爬上球门边的竖杆来庆祝自己的进球、自己的归来。

在相继送走因斯、休斯和坎切尔斯基三大主力后，1995/1996 赛季的曼联艰难起步。首轮比赛负于维拉后，包括阿兰·汉森等在内的众多球评家对曼联青年军的前景普遍不看好，但坎通纳偏偏不信邪。和他一样不信邪的正是曼联主帅弗格森，在大量启用 92 班年轻球员的同时，弗格森依靠数位老将的扶持将年轻人带到了一个全新的高度，坎通纳正是那群孩子的领路人。当年有一张油画生动描绘了 20 世纪 90 年代中期曼联的场面：坎通纳位于画中，俨然国王，92 班的年轻人就像他的臣民，围绕四周。

“曼联国王”这样的称谓，就在这样一个特殊的时期诞生了。1995/1996 赛季，弗格森打造的曼联青年军在英超中强势登顶，阿兰·汉森的预言从此成为笑柄。

在那个赛季的足总杯决赛中，温布利大球场迎来了一场属于坎通纳的比赛。作为队长的他在第 86 分钟的僵持局面下，接到贝克汉姆的角球，在禁区边缘后退中突然起脚，皮球精确窜进詹姆斯身后的大门，凭借这一经典进球，曼联击败利物浦，在这个赛季中再度成为双冠王。领奖台上，坎通纳高举足总杯，一声长啸震慑温布利。从此开始，他成为了曼联的正式队长，带领球队迎接全新的赛季。

那时不会有人想到，坎通纳会在 30 岁突然宣布退役——在他拿下五年内第四座英超奖杯之后，在他成为正式队长仅仅一年之后，在他多次受阻于冠军杯赛场略感心灰意冷之后。1997 年的夏天，弗格森也无法挽留坎通纳离去的背影，这是一个时代的结束，弗格森的红色帝国依然在绽放着光辉，而属于“曼联国王”的时代却在第五个年头一去不复返。

坎通纳依然是那个坎通纳，依然挺直了胸膛，高傲地昂着头，依然竖起衣领，不可一世，正如他在对桑德兰打入那一经典吊射之后霸气无可匹敌的庆祝一样。

坎通纳依然是坎通纳，留给英国足球无可比拟的经典与争议，无数的

▲ 曼联队获得 1995/1996 赛季的双冠王，坎通纳与恩师弗格森共同展示两座奖杯。

话题围绕着坎通纳，好的，坏的。但不可否认，他给经历风雨后迎接新篇章的英超早期带来了震撼与改变，他给在低谷中急需重新正名的英格兰足球留下了光荣与梦想。

“国王”离去，岁月却始终未曾远走。直到今天，你依然会在老特拉福德球场内外，看到那面印着坎通纳头像的法国国旗高高飘扬，听着那段熟悉的“Ohh Ahh Cantona”的歌声回荡赛场，这个生于 1966 年——与英格兰首夺世界杯同年的法国人，也依然在用自己强大的影响力激励着英国足球。

坎通纳永远是那个挺直胸膛、高昂着头、竖起衣领、不可一世的“曼联国王”，他留给英国足球无可比拟的经典与争议。

绝代「锋范」

范巴斯滕

马尔科·范巴斯滕

Marco van Basten

国籍：荷兰

出生地：乌得勒支，荷兰

出生日期：1964 年 10 月 31 日

位置：前锋

俱乐部：阿贾克斯、AC 米兰

俱乐部进球数：276 球 /373 场

国家队进球数：24 球 /58 场

总有一首歌，能让你想起他

>>>

歌名：Long Long Way to Go
歌手：Def Leppard

如果给你一次机会，可以延长某个球员的足球生命，我想，范巴斯滕一定是那个最后的幸运儿。可现实中，他又是如此不幸，29 岁远离球场，31 岁正式挂靴，人们都说是上天嫉妒他的足球才华，所以给了他一副脆弱的脚踝。

和很多优秀的荷兰射手一样，范巴斯滕也出道于举世闻名的阿贾克斯青训营，他是继克鲁伊夫之后，阿贾克斯为世界足坛贡献的又一位大师。而巧合的是，范巴斯滕第一次正式代表阿贾克斯出战荷甲联赛，正是替换的克鲁伊夫，这是一份冥冥之中早已注定的伟大传承，而那一天范巴斯滕也收获了他的联赛处子球。

∧ 1986/1987 赛季欧洲优胜者杯决赛，阿贾克斯队 1 比 0 战胜莱比锡火车头队获得冠军，范巴斯滕攻入唯一进球。

阿贾克斯的范巴斯滕从未让人失望。在效力球队的6个赛季，他在出战的172场比赛里打入恐怖的152球，连续4次获得联赛金靴。1985/1986赛季，22岁的范巴斯滕更是凭借赛季37球的表现斩获欧洲金靴，阿贾克斯也在范巴斯滕的强势助推下继续统领着荷兰足坛。

显然，荷兰足球不能吝啬与世界分享这位足球天才。1987年的夏天，入主AC米兰不久的新老板贝卢斯科尼将范巴斯滕带到了圣西罗，这也成为了贝卢斯科尼口中最为骄傲的一笔投资，他带来的不仅仅是一个天才的射手，更是引领AC米兰铸就王朝的伟大旗手。

但故事的开始并不完美，范巴斯滕在米兰的处子赛季受到伤病折磨，联赛中他仅仅出场11次，打进3球，这显然不是一个常态下的范巴斯滕。荷兰人只能积蓄力量，1988年的欧洲杯，会成为他绽放的绝佳舞台。

1988年的欧洲杯，是橙色的。事实上，那一年的荷兰队并非不可战胜，小组赛首战，苏联队就将他们击败。但是，他们却拥有一个不可战胜的范巴斯滕。缺席首战的范巴斯滕在小组赛次战英格兰的比赛中首发登场，他轻盈飘逸，左右开弓，用一个帽子戏法惊艳了世人，世界杯最佳射手莱因克尔在与他的比拼中相形见绌。

半决赛面对东道主联邦德国队，那场比赛，范巴斯滕导演了一出经典逆转。在0比1落后的情况下，科曼先是将范巴斯滕所创造的点球罚进，随后在终场前1分钟，范巴斯滕用幽灵一样的跑位，闪击破门。这个进球所带来的胜利，让荷兰超过一半的民众涌上街头，疯狂庆祝。有时你必须叹服，这就是足球无可比拟的魔力。

可是，这并不是范巴斯滕在1988年欧洲杯上表演的终章，决赛所发生的故事我们再熟悉不过。那本是一脚糟糕透顶的传球，但范巴斯滕却在接近零度角的位置灵光闪现，将它变成了一脚石破天惊的天外飞仙，这个进球的辉煌注脚是达萨耶夫的呆若木鸡与米歇尔斯的难以置信。他是一个教科书式的经典前锋，却总能打进一些非教科书式的美妙进球。从此，当有人能够在接近零度角的地方凌空抽射破门得分时，解说员都会不厌其烦地说：“看！这是一个范巴斯滕式的进球。”

∧ 1988 年欧洲杯第二场小组赛同英格兰队的比赛，范巴斯滕左右开弓，用一个帽子戏法惊艳了世人。

> 范巴斯滕领衔的“荷兰三剑客”用橙色风暴席卷欧洲，他们站上了欧洲之巅，这是迄今为止荷兰队获得的唯一一个大赛桂冠。

∨ 同苏联队的决赛，范巴斯滕在接近零度角的位置凌空起脚，攻入一记石破天惊的进球。

∧ 里杰卡尔德、范巴斯滕和古利特组成的荷兰三剑客将整个圣西罗照亮，他们的存在，改变了整个欧洲足坛的旧有格局。

那一年，范巴斯滕领衔的“荷兰三剑客”用橙色风暴席卷欧洲，他们站上了欧洲之巅，这是克鲁伊夫时代的荷兰队都难以企及的荣耀。别忘了，那一年，范巴斯滕只有 24 岁。

在从欧洲杯载誉而归之后，范巴斯滕、古利特和里杰卡尔德所组成的荷兰三剑客就像充足了电一样，将整个圣西罗照亮，他们的存在，改变了整个欧洲足坛的旧有格局。1988/1989 赛季，范巴斯滕在意甲联赛中打入 19 粒进球，荣膺最佳射手。

更为重要的是，1989 年的 5 月 24 日，范巴斯滕和古利特在冠军杯决赛中双双梅开二度，帮助 AC 米兰 4 比 0 击败布加勒斯特星队，阔别 20 年后再度捧起欧冠奖杯。而一年之后的冠军杯决赛，AC 米兰一球小胜本菲卡，成功卫冕，神圣的米兰王朝就此建立，范巴斯滕也将 1988 年与 1989 年的欧洲金球奖揽入怀中。

⋀ 1988/ 1989 赛季欧洲冠军杯决赛，范巴斯滕和古利特分别攻入两球，率领 AC 米兰 4 比 0 大胜布加勒斯特星队。

荷兰三剑客在意甲赛场呼风唤雨，人们满以为他们也会在意大利世界杯上打破“无冕之王”的魔咒，然而，1990 年的意大利之夏，三剑客却集体迷失，人们似乎只记住了里杰卡尔德同沃勒尔的口水大战。好在年底的丰田杯赛，三剑客率领红黑军团 3 比 0 完胜巴拉圭奥林匹亚队，在这项寄托了万千中国球迷特殊情感的赛事中，三剑客为自己赢回了声誉。

正当 AC 米兰的红黑王朝处于顶峰，范巴斯滕和他的球队却遭遇了意外的打击。在 1990/1991 赛季冠军杯客场同马赛队的 1/4 决赛第二回合中，他们因为场地灯光原因而罢赛，从而遭到了欧足联在欧洲范围内禁赛一年的处罚，这也使得范巴斯滕在鼎盛时期失去了表演的舞台，功勋主帅萨基也宣布离开，卡佩罗接任米兰主帅。

在卡佩罗上任之后，范巴斯滕依然捍卫着他不可动摇的锋线至尊地位。范巴斯滕的足球灵动飘逸，同时又实用至上。他像是一个球场上的游吟诗人，温文尔雅地施展自己的艺术灵感；他又像是一个球场上的工程师，严丝合缝地规划自己的踢球方式。同时，范巴斯滕也是一个名副其实的点球高手，他职业生涯的点球命中率高达 92.3%，在帮助 AC 米兰拿下 1991/1992 赛季的意甲冠军后，又一个欧洲杯的夏天来了。

事实上，这是一个他与伤病在斗争中挽回的足球盛夏。在他的足球生涯中，范巴斯滕多次遭到对手的恶意侵犯，一个伟大的射手就是所有后卫的噩梦，但这个夏天并没有给他丰厚的回报。没错，范巴斯滕是一个点球的高手，但是舒梅切尔却在荷兰与丹麦的点球大战中拒绝了他的点球，这是范巴斯滕心中永远的痛，因为这是他最后一次穿着橙色的球衣站在足球场上。

1992 年 12 月，处在个人足球生涯高峰的范巴斯滕在意甲联赛中再次遭遇严重伤病，他的右脚脚踝软骨严重撕裂。这次的侵犯不是第一次，也不是最后一次，但它却是最致命的一次。在经过八个月的漫长治疗之后，当人们以为那个熟悉的范巴斯滕已经回来之时，人们看到的却是真正的最后一次。

1992/1993 赛季的欧冠决赛，马赛后卫博利一次凶狠的背后铲断，使

AC 米兰经典的红黑间条衫，成为多少中国球迷心目中永恒的经典，上世纪90 年代初期的 AC 米兰，成为多少中国球迷足球启蒙的开始。

得范巴斯滕再次倒地不起，一向平和冷静的范巴斯滕在这一刻不禁愤怒了，因为只有他自己知道，在伤病中等待和捕捉一点点希望是多么残酷的事情。

1994 年的世界杯，荷兰队缺少了这位天才射手，范巴斯滕说："在回来的一周后，我与球队做了一些练习，但发现一切已经无法挽回。尽管我想哭，但却哭不出来，我确实非常难过。"

1995 年 8 月 17 日，这是一个所有荷兰球迷与 AC 米兰球迷永生难忘的日子，他们挚爱的范巴斯滕褪下了熟悉的战袍，穿着一件棕色的夹克来到圣西罗球场，与他们挥手告别。那一天，一向铁面示人的卡佩罗为爱徒老泪纵横，整个圣西罗有无尽的掌声，却也有无尽的悲凉，正如 AC 米兰副主席加利亚尼所说，范巴斯滕的退役，使得足球失去了它的达・芬奇。

金色记忆

克林斯曼

尤尔根·克林斯曼

Jurgen Klinsmann

国籍：德国
出生地：格平根，联邦德国
出生日期：1964 年 7 月 30 日
位置：前锋
俱乐部：斯图加特踢球者、斯图加特、国际米兰、摩纳哥、托特纳姆、桑普多利亚、柑橘城蓝星
俱乐部进球数：277 球 /614 场
国家队进球数：47 球 / 108 场

总有一首歌，能让你想起他

>>>

歌名：Sailing
歌手：Rod Stewart

有多少人因为他而坚定地成为日耳曼战车的拥趸？因为他的笑容，天空突然晴朗；因为他的哭泣，如此令人神伤；因为他的金发飘扬，球场里再也找不到更炫目的色彩；因为他的低空滑翔，足球世界里有了最美的风景。喜欢他的理由曾经如此简单，喜欢他的理由却越来越多。

意大利人说，他像带刺的玫瑰，惊艳世人却孤独骄傲。英格兰人说，他不是德国人，他只是他自己。他自己说，他是一颗橡树，有很多根茎。而德国人说，尤尔根·克林斯曼是他们最大的偶像，他却是最不想做偶像的人。

成为一名偶像对克林斯曼来说太容易了。当23岁的他代表家乡球队斯

1987年11月14日，在斯图加特主场同拜仁慕尼黑的德甲联赛中，23岁的克林斯曼倒挂金钩，攻破了拜仁队的大门。

图加特在与德甲巨人拜仁慕尼黑的比赛中打入那记惊世倒钩时，球迷们便记住了他。

当 24 岁的他带着德国足球先生和联赛最佳射手的殊荣赶赴 1988 年欧洲杯时，记住他的人又岂止球迷。丹麦球星劳德鲁普主动与欧洲杯新人克林斯曼交换球衣。而刚刚捧得欧洲金球奖的古利特在球场上就迫不及待地告诉他，去意大利吧，那里才锻炼人。那的确是意甲联赛最好的时光，荷兰三剑客领衔的 AC 米兰和马拉多纳率领的那不勒斯激情四溢，小世界杯的名头火爆着全世界的眼球。

斯图加特不知怎样才能留住他们的孩子。这里是他的家乡，但他从不贪恋家的安逸。他去了斯图加特人口中“阿尔卑斯山对面的国家”。在距离斯图加特 500 公里远的米兰城驻足，克林斯曼换上蓝黑色的球衣，与他的同胞马特乌斯和布雷默异乡相逢，喧嚣的意甲赛场又多了一个恐怖的组合——德国三驾马车。

三个德国人的表演让很多人在那个时候迷恋上了蓝黑军团国际米兰，尽管克林斯曼没能在自己的意甲处子赛季帮它卫冕冠军，马拉多纳率领的那不勒斯风头无二，但随之而来的亚平宁之夏，三驾马车成功复仇。

那是克林斯曼最难忘的一场比赛，那也是德国人最津津乐道的世界杯回忆。当德国三驾马车和荷兰三剑客在 1990 年世界杯 1/8 决赛场上相遇，谁也无法摒弃恩怨的命题。里杰卡尔德和沃勒尔的口水又一次为德荷大战升级，一道金色的灵光却在硝烟中寻觅到了最佳战机。德意志战车只不过刚刚挺进八强，贝肯鲍尔就已经预言，日耳曼人将第三次站上世界之巅。

有人说，那是克林斯曼的夸张表演。当阿根廷后卫蒙松将他铲倒在地，金色轰炸机缔造了世界杯决赛史上的第一张红牌。克林斯曼回敬：“如果他没有碰到我，我腿上 15 厘米的口子又是从哪里而来？”

意大利之夏留存在历史的记忆中，先后定格了心有不甘的英格兰天才加斯科因和球王马拉多纳汹涌的泪水，但当克林斯曼高举起大力神杯，原来喜悦和遗憾一样震撼心灵，站上人生巅峰的金色轰炸机第一次痛哭失声。

美国世界杯又一次让克林斯曼的泪水决堤，四场比赛，克林斯曼已有

∧ 马特乌斯、克林斯曼、布雷默相聚在国际米兰，组成“德国三驾马车”，与AC 米兰的“荷兰三剑客”遥相辉映。

∨ 1990 年世界杯 1/8 决赛，联邦德国同荷兰这对宿敌狭路相逢，克林斯曼率先打破僵局，三驾马车最终战胜三剑客。

五球进账，俯身冲顶的射门方式早已为他赢得“轰炸机”的美誉，取胜韩国，他用将球挑起旋即转身抽射留下经典杰作，但一切愿景都在失意于保加利亚队后轰然倒塌。卫冕冠军止步世界杯八强，最好的轰炸机停靠在散漫的战车之上再无起飞的可能。明明坚毅冷峻的面庞终于被泪水泄露了秘密。

查尔斯王子的王宫就坐落在伦敦白鹿巷球场的一旁，进入三十岁的大关，克林斯曼告别“冷淡”的摩纳哥，前往第四个国家的联赛又开启了一段全新的尝试。足球世界里的英德之怨总不会让任何一个德国人在英格兰受到善待，是克林斯曼改变了这一切。

英国人叫他“跳水者”，他们说他在同阿根廷的那场世界杯决赛中骗取了点球。克林斯曼只用一场比赛就让挑剔的英格兰球迷彻底收声。处子秀两传一射，被撞晕抬出球场，英国人见证了一场“历史上最不可思议的亮相”。他们依然叫他“跳水者”，却是因为每当他打进一个进球，托特纳姆热刺队的球员就会像水鸟鸬鹚一样在草地上俯冲滑行，肚皮着地，和他一起庆祝。这个由克林斯曼的锋线搭档谢林汉姆提议的庆祝动作为白鹿巷球迷带来了久违的欢乐，尽管他只在热刺效力了一个赛季，但却让英国人扭转了对德国人的偏见。

德国人终于期盼回了他们的英雄。加盟拜仁慕尼黑是恩师贝肯鲍尔的召唤，也源于克林斯曼试图对联赛冠军的缺失进行弥补。此时，他的另一个身份是德国国家队的队长。英俊的外貌和潇洒的球风让克林斯曼的身上多了一份儒雅，却少了一份霸气。但带上队长袖标的金色轰炸机却是真正的铁血队长，他正率领着一支铁血之师前往英格兰征战 1996 年欧洲杯。

从死亡小组中杀出重围，德意志战车损兵折将。队长克林斯曼在 1/4 决赛中刚刚为德国队首开纪录就重伤离场，他因此错过了半决赛。在决赛开始前，德国队只剩下 13 名健康球员。德国人拒绝了欧足联允许他们临时征调国内球员的通融之策，一个毫无争议的冠军才是坚毅战车的终极夙愿。

打着封闭的克林斯曼一瘸一拐地出现在了温布利大球场上，欧洲杯历

∧ 1994 年世界杯揭幕战，由卫冕冠军德国队迎战玻利维亚队，克林斯曼打进了全场唯一进球。

∨ 1996 年欧洲杯，克林斯曼以队长之名高举德劳内杯，成就了自己国家队冠军的大满贯。

▲克林斯曼飞身鱼跃冲顶，"金色轰炸机"名不虚传。

史上的第一粒金球正是源于金色轰炸机的助攻。以队长之名高举起德劳内杯，同时成就了克林斯曼的国家队冠军大满贯。时任德国队主帅福格茨回忆至此，以一句“任命克林斯曼为队长是我执教生涯中做出的最好决定”代替了所有赞誉。

克林斯曼带着一座德甲冠军的奖盘又一次告别家乡，他在桑普多利亚短暂停留之后，又一次回到了白鹿巷。在托特纳姆热刺队，他不过匆匆度过了一个半赛季，但直到今天，他还被热刺球迷称为俱乐部历史上的传奇巨星。1997/1998 赛季，克林斯曼在同温布尔登队关键的保级战役中打入 4 粒进球，助热刺队成功留在了英超。

1998 年世界杯，在为国家队攻入最后 3 粒进球之后，金色轰炸机远离了人们的视线。1999 年 5 月 24 日，克林斯曼正式宣布退役。

退役后的克林斯曼定居于美国，但以他的经历和地位，仍与德国足球有着千丝万缕的联系，不管执掌德国国家队教鞭还是短暂执教拜仁，他的领袖作用直到今天仍在影响着德国足球。

他一度并不被人理解，尽管在属于他的时代里，他风华绝代，荣誉加身，但他更愿意把自己视为浪子，游走四方。他辗转四个国家的联赛，不断观察着世界，体会着足球的不同文化。他倾慕意大利足球的火热，也安于天堂岛摩纳哥的安静，他出生于世界上最具团队精神的国度，却远赴英伦寻找另一种集体的力量。他早已功成名就，却安于小球会体会足球简单的快乐。他是德国尽人皆知的足球名人，却更享受加州海滩上街头足球的平凡随意。

他就是那个不一样的人，他为足球而生，却无意将足球作为人生，他为足球思考，却在不经意间与足球相伴一生。他的朋友们说，他最不像个教练，可他偏偏成为了教练。做球员时他不像一个球员，他却是世界上最好的球员。

足球上帝

马拉多纳

迭戈·马拉多纳

Diego Maradona

国籍：阿根廷
出生地：拉努斯，阿根廷
出生日期：1960 年 10 月 30 日
位置：中场
俱乐部：阿根廷青年人、博卡青年、巴塞罗那、
那不勒斯、塞维利亚、纽韦尔老伙计
俱乐部进球数：312 球 /588 场
国家队进球数：34 球 /91 场

总有一首歌，能让你想起他

>>>

歌名：Hall of Fame
歌手：The Script ft. Will.I.Am

这是一个天使和魔鬼赋予一身的人，如果没有足球，很难想象马拉多纳会是一个怎样的恶魔。他沾染毒品，他持枪打人，他惹是生非，他目中无人。讨厌马拉多纳的人可能会有一万种理由，但是爱他，只需要一个理由便已足够，因为他是足球场上的天使，或者说，他就是足球世界的上帝。

在阿根廷，只有马拉多纳的名字能够和他们的国家偶像贝隆夫人相提并论。他们代表着这块土地的追求，代表着激情，代表着执着的性格和争议的命运。马拉多纳的拥趸甚至创立了“马拉多纳教”，每年的 10 月 30 日就是这门宗教神圣的节日，因为正是在 1960 年 10 月 30 日，马拉多纳来到了这个世界。

和很多出身贫寒的阿根廷孩子一样，足球成为了马拉多纳改变命运的奋斗捷径。17 岁那年，马拉多纳已经是阿根廷国内联赛的最佳射手，也正是那一年，他第一次入选了梅诺蒂所执教的阿根廷国家队。但一年之后，当梅诺蒂让马拉多纳沦为 1978 年世界杯的看客，他便再也无法得到马拉多纳的原谅。

1981 年，马拉多纳来到了阿根廷传统豪门博卡青年，那件蓝黄色的球衣是他从小的梦想。联赛冠军对他的球队而言易如反掌，糖果盒的烟花和彩带为马拉多纳而骄傲盛放。在阿根廷国内，马拉多纳已经开始享受万人的顶礼膜拜，而这个时候，他需要的，是一个更大的舞台。但是，1982 年的西班牙世界杯却再一次让马拉多纳失望，一张恼羞成怒的红牌埋葬了他的西班牙之旅。而世界杯之后，当马拉多纳转会来到巴塞罗那，伤心依然写在那里。

加盟巴萨的第一个赛季，马拉多纳就不幸患上了肝炎。第二个赛季，来自毕尔巴鄂竞技的“屠夫”戈耶科切亚成为马拉多纳生平第一次重大受伤的凶手，这次断腿险些葬送马拉多纳的职业生涯。后来，马拉多纳原谅

∧ 1981年，马拉多纳加盟阿根廷传统豪门博卡青年，蓝黄色的球衣是他从小的梦想。

< 1988年5月1日，那不勒斯主场迎战AC米兰，马拉多纳攻入一球。在那不勒斯，马拉多纳就是上帝派来的足球使者，他也成为了那不勒斯之王。

1982 年，马拉多纳首次参加世界杯，同比利时队的小组赛中，他带球直面对方 6 名球员的防守。

了戈耶科切亚，但他却无法原谅自己，因为正是在巴塞罗那，马拉多纳开始吸毒。但就是这样一个麻烦不断的马拉多纳，用58场比赛的38粒进球为巴萨带来了一个联赛冠军和一个国王杯冠军。在效力了两个赛季之后，巴塞罗那成为过去时，那不勒斯迎来了马拉多纳。在这里，马拉多纳化腐朽为神奇。

在那不勒斯的圣保罗球场，马拉多纳看上去就是上帝派来的足球使者，拥有了马拉多纳，那不勒斯从顶级联赛的谷底开始向顶峰攀登。从底层攀升，挑战，从不屈服，这正是马拉多纳的成长轨迹，这也正是有着同样宿命的那不勒斯如此爱戴马拉多纳的缘由。马拉多纳给那不勒斯留下了两个联赛冠军，一座意大利杯和一座联盟杯，这也几乎是那不勒斯足球在历史上所能得到的一切。仅凭这一点，马拉多纳便足以成为那不勒斯之王。

但是，成为那不勒斯之王还远远不够，马拉多纳要做的，是成为世界之王。

1986年墨西哥世界杯，这是马拉多纳封神的战场，在这里他成为了真正的球王。那一年世界杯的官方纪录片几乎成了马拉多纳个人书写历史的传记，这是世界杯历史上任何一名球员都没有享受过的待遇。但是没有人会怀疑，也没有人会嫉妒马拉多纳，即便是足球历史上与他并肩而立又相互诋毁的对手贝利。贝利也承认，这是一届属于马拉多纳的世界杯，这是一支属于马拉多纳的阿根廷队。

马拉多纳的完美也带着自己永恒的争议痕迹。在对英格兰的比赛中，他的上帝之手与世纪进球只相差了三分钟的时间，没有比这样的表现能更好地展现这位球王的争议色彩。那一天，天使与魔鬼有着一个相同的名字，那就是马拉多纳。

从那天开始，他一直在被人追逐，就连想要复制他，也是少数天才的特权，谈到超越，那几乎是天方夜谭。恐怕难以超越的，不仅仅是马拉多纳在球场上的天赋异禀，更重要的是他的领袖气质。1986年世界杯夺冠后的阿根廷更衣室，马拉多纳光着膀子，甩着球衣，眼含热泪，让“Argentina（阿根廷）!Argentina!”的呼喊声成为了那个时段世界上最动听

∧ 1986 年世界杯同英格兰队的 1/4 决赛，马拉多纳上演著名的“上帝之手”。

∨ 同样在那场与英格兰队的比赛中，在“上帝之手”之后三分钟，马拉多纳又完成了“连过五人”的世纪进球。

的音乐，很纯粹，却充满力量。

从此，他开始走上神坛，习惯人们的仰视。四年之后的世界杯，他甚至可以将那不勒斯变成自己的主场，而他们的对手正是东道主意大利队，这是足球世界中的一个奇迹。但神坛之上的马拉多纳连自己都开始不敬畏了，在球场上无所畏惧的同时，在球场外他也已经开始目空一切。

在1990年世界杯决赛因一个争议点球惜败联邦德国之后，无缘卫冕的马拉多纳泪洒球场，颁奖仪式上他甚至拒绝与时任国际足联主席阿维兰热握手。在马拉多纳看来，足球领域也有“黑手党”，这个点球就是国际足联的阴谋。

而在一年之后，他又倒在了另外一个他所认为的阴谋当中。1991年3月17日，在和巴里队比赛结束后的例行尿检中，马拉多纳被查出服用了可卡因。直到这个时候全世界才知道，他们眼前的这位球王是怎样在毒品的迷幻中放纵自己的生命。

15个月的禁赛处罚让马拉多纳暂时离开了阿根廷国家队，也离开了

> 1986年世界杯就是马拉多纳一个人的世界杯，他高擎大力神杯，终于成为了世界之王。